COLLECTION

Cascade

CORINNE GERSON

RENDEZ-VOUS AU ZOO

ILLUSTRATIONS DE SYLVIANE ALLOY

RAGEOT - ÉDITEUR

Cet ouvrage a paru aux États-Unis sous le titre SON FOR A DAY aux éditions Atheneum – New York. – et en France sous le titre LES PAPAS DU ZOO.

Traduction : Caroline Westberg
ISBN 2-7002-1216-9
ISSN 1142-8252

1

Ce n'est pas si mal de ne pas avoir de famille. En fait, je dirais même que c'est mieux, à bien des égards, de disposer d'à peu près vingt familles par an comme ce fut mon cas l'année dernière plutôt que d'une seule, pour la vie, à la manière de tous les autres enfants. Une unique et même famille, ça doit devenir ennuyeux à la longue.

J'avais onze ans quand j'ai eu cette idée géniale. Elle m'est apparue dans un éclair. Maman m'avait confié aux bons soins de tante Dorothée et j'essayais d'imaginer à quoi passer mes journées.

Maman m'avait expliqué qu'elle allait en Californie afin de trouver un emploi à la télévision ou dans le cinéma. Elle disait qu'ainsi elle gagnerait mieux sa vie, et que cela nous faciliterait l'existence. Mais il était nécessaire dans un premier temps que je reste avec tante Dorothée à New York, dans le quartier du Bronx[1].

Bon, d'abord je me présente. J'ai toujours

1. La ville de New York se divise en cinq quartiers principaux : Manhattan, le Bronx, Queens, Brooklyn et Staten Island.

vécu en ville ; j'ai grandi à Manhattan, dans la 81e rue pour être précis, et à l'âge de sept ans, je connaissais déjà toutes les lignes de métro et la plupart des bus. Lorsque j'ai déménagé pour venir habiter avec tante Dorothée, c'était la première fois de ma vie que je mettais les pieds dans le Bronx. J'ai vite appris à me diriger. J'allais à l'école chaque jour, enfin la plupart du temps. Quelquefois, quand je n'en avais vraiment pas envie, je traînais devant les vitrines des boutiques de l'avenue. Du côté de l'université aussi. Bref, je me baladais dans le coin, excepté là où l'on m'aurait trop remarqué, j'ai rapidement compris cela. J'aimais bien regarder les gens dans la rue ; il se passait toujours un tas de choses amusantes et inattendues. Mais ma véritable raison de vivre, c'étaient les week-ends, lorsque j'allais au zoo pour me choisir une famille.

Bon, je reprends depuis le début. Tout a commencé quand j'ai découvert l'existence du zoo, c'est-à-dire peu de temps après avoir déménagé. Des copains m'y ont emmené en m'assurant que c'était un endroit sensationnel. J'avais été admis très vite dans une bande de garçons, et nous nous retrouvions presque chaque jour au coin de ma rue. Certains d'entre eux étaient dans ma classe, nous étions devenus amis, mais sans plus. Je savais toujours où les trouver, et parfois je me baladais avec eux à la sortie de l'école. On jouait au ballon, des trucs comme ça. Après avoir découvert le zoo, je ne les ai plus autant vus, en particulier le week-end, car j'étais très occupé.

C'est au cours de ma deuxième visite au zoo que j'ai remarqué le nombre impressionnant d'enfants qui étaient seuls avec leurs pères. Certains d'entre eux se promenaient avec des femmes aussi, mais il me semblait voir surtout des couples formés d'un homme et d'un petit garçon.

J'ai fini par questionner un de mes copains qui m'a répondu le plus naturellement du monde :

– Oh ! Ceux-là, ce sont les papas du zoo.

– Les quoi ?

Les autres ont ri de mon étonnement en s'exclamant :

– Regardez-le, il ne sait même pas ce que c'est qu'un papa du zoo !

Puis ils m'ont expliqué. Il s'agit d'enfants dont les parents sont divorcés. Le père a l'autorisation de voir son fils un jour par semaine. Au début, il ne sait jamais où l'emmener pendant cet horrible « jour de visite », alors il lui vient toujours la bonne idée de lui faire visiter le zoo.

– C'est pour cela qu'ils ont l'air bizarre, ai-je commenté.

– Bizarre ? Qu'est-ce que tu veux dire ?

J'ai haussé les épaules :

– Je ne sais pas, mais beaucoup de ces papas du zoo ont une attitude coincée, comme si des cafards grimpaient le long de leur dos et qu'ils n'osaient plus bouger. Ils n'ont pas l'air très à l'aise, quoi.

– Mets-toi à leur place, rétorquèrent les garçons de la bande. Cela ne doit pas être évident de se retrouver en tête à tête avec un fils que l'on ne connaît presque plus parce qu'on ne le voit qu'un jour par semaine ! En plus, il faut qu'il passe une vraiment bonne journée, ou sans ça...

Et moi j'ai dit :

– Ou sans ça quoi ?

Ils ont répondu :

– Ou sans ça le gosse fait une telle histoire pour éviter de retourner avec son père que sa mère commence elle aussi à se poser des questions. Tu sais comment ça se passe quand les parents se séparent et se disputent la garde des enfants.

Non, je ne savais pas vraiment, mais je pouvais me l'imaginer. Comme je pouvais imaginer pourquoi les papas du zoo accompagnés d'un seul enfant avaient l'air moins heureux que ceux qui en avaient deux ou trois. Les enfants s'amusent mieux à plusieurs. Comme dit toujours ma tante Dorothée : « Plus on est de fous, plus on rit. » C'est à ce moment précis que j'ai eu mon idée géniale.

Je serais dorénavant au service des papas du zoo : je leur offrirais ma compagnie pour la journée entière, afin de briser la glace entre eux et leur fils ; en retour, je jouirais d'une journée formidable et goûterais au plaisir de la famille. Avec maman si loin et tout, ça ne pouvait pas me faire de mal. Ce n'est pas que tante Dorothée soit méchante, au contraire, elle est formidable. Mais quand on est un garçon, il est agréable de parler à un homme de temps en temps. Je travaillerais sur mon territoire chaque samedi et chaque dimanche.

Voilà, ce serait mon M. O. Ça veut dire Modus Operandi. Je n'arrêtais pas d'entendre parler de M. O. dans les séries policières à la télé. J'avais deviné en gros ce que cela signifiait mais je ne savais pas quels mots se cachaient derrière les initiales. M. Murdoch, un de mes papas du zoo, m'a expliqué que c'était deux mots latins, *Modus Operandi* : « Mode d'opération ». Bon, enfin, pour en revenir à mon M. O., cela se passait ainsi : j'allais au zoo le samedi et le dimanche vers 10 h-10 h 30. Si j'étais en retard, je sautais dans l'autobus, ce qui me coûtait cinquante *cents* ; au bout de quelques semaines je suis devenu ami avec le chauffeur, et ça ne m'a plus rien coûté. Lorsqu'il faisait beau, je marchais. Ensuite, j'investissais presque tout mon argent de poche de la semaine dans le ticket d'admission au zoo. Il ne me restait alors pas un sou, mais je n'avais en principe plus besoin d'argent pour le reste de la journée.

Je me rendais habituellement à mon poste d'observation préféré : « la Maison des grands singes » qui se trouve à peu près au milieu du zoo. Il y a une cour à l'extérieur du bâtiment où jouent les bébés gorilles : deux « bébés » (ils sont plus grands que moi !) que les gardiens amènent chaque matin vers 10 heures pour qu'ils s'amusent dehors pendant une heure environ. Vous pouvez être sûr qu'il y a toujours foule autour des grillages pour les regarder faire leurs singeries ; bref, c'était un endroit idéal pour mon stratagème. Aucune personne normalement constituée ne peut passer à côté de ces animaux irrésistibles sans s'arrêter, et surtout pas un enfant. Alors, je me postais là, et je cherchais un papa du zoo et son fils dans la foule.

Lorsque je découvrais un couple à ma convenance, je me dirigeais droit sur eux et quand j'entendais le gosse crier quelque chose du genre : « Regarde, tu as vu ce qu'il est en train de faire ! », je me mêlais à la conversation :

– Oui, et attends un peu, l'autre va lui marcher sur les pieds.

– C'est vrai ! Comment tu l'as deviné ?

Je haussais simplement les épaules, et disais d'un air entendu :

– On finit par connaître leurs habitudes. Maintenant, observe l'autre singe, il va bondir là-dessus pour se balancer.

Je désignais du doigt un pneu qui pendait au bout d'une corde.

– Je te parie que celui-là va sauter juste avant lui.

– Oh oui ! Elle l'a devancé.

– Pas elle, il. Ce sont deux mâles.

– Comment le sais-tu ?

– Il y a un panneau décrivant leurs caractéristiques près de leur cage. Ces singes n'ont que cinq ou six ans. Quand ils auront atteint l'âge adulte, ils pèseront deux cents à trois cents kilos et mesureront deux mètres.

Le gosse me dévisageait, bouche bée.

– Comme King Kong ?

– Exactement. Il y en a deux énormes, à l'intérieur.

À présent, je savais que le père m'observait. Je ne le regardais jamais, mais j'étais capable de dire le moment précis où je captais son attention.

Le gosse était déchaîné maintenant :

– Tu as vu la façon dont ils se disputent les feuilles, les branches et même la nourriture !

Le spectacle plaisait toujours, je pouvais compter sur mes deux singes. Je continuais de plus belle :

– Bientôt, le plus petit va se couvrir de feuilles et parader. Tu savais que les singes se construisent un nouvel abri chaque soir, quand ils sont en liberté ?

– Dis donc, tu en sais long sur les gorilles ! intervenait finalement le père.

Ils répètent tous la même chose, et presque toujours au même moment. Je haussais un peu les épaules, très à l'aise. Et puis, le gosse posait une autre question bête et le père me demandait :

– Ton père travaille ici ?

Je répondais alors que je n'avais pas de père, et que je venais souvent au zoo parce que je n'habitais pas loin.

– Tu rentres chez toi pour le déjeuner ? questionnait ensuite le gamin.

– Non, je me balade toute la journée. Je vis chez ma tante, mais elle travaille le week-end.

À ce moment-là, il y avait toujours un silence de sept secondes. C'est vrai, j'ai compté.

– Tu veux, euh, tu veux venir déjeuner avec nous ?

Il fallait à chaque fois que j'essaie d'avoir l'air le plus étonné du monde. Comme si c'était la dernière chose à laquelle je m'attendais.

– Moi ? Oh... euh, merci, ça va.

Le gosse insistait à son tour :

– Oh ! S'il te plaît, ça serait plus amusant !

Et le père me souriait gentiment.

– Oui, viens ! Nous t'invitons.

– Il y a un marchand de hot dogs ici ? demandait alors l'enfant d'une voix flûtée.

Et je disais :

– Bien sûr ! Il y a aussi de très bons hamburgers et des frites.

À présent, j'étais devenu leur guide et je ne pouvais plus refuser l'invitation. Il était à peu près onze heures, heure à laquelle les gardiens rentrent les bébés gorilles. En général, le père m'interrogeait pour savoir où se trouvait le meilleur endroit pour déjeuner, et je les emmenais à la cafétéria du zoo.

J'étais toujours très poli et je restais fidèle à

mon idée première : ne jamais croire que quoi que ce soit me soit dû, pas même un verre d'eau. Je ne me suis jamais comporté comme un grossier personnage, ou comme un goinfre. J'ai toujours attendu que l'on me propose une chose pour l'accepter.

– Tu veux un hot dog ? Tu es prêt pour un milk-shake ? Que dirais-tu d'un cornet de frites ?

S'ils ne m'offraient rien, je ne demandais rien. J'acceptais seulement. J'ai accepté ainsi pendant des mois et des mois ma part de week-end, tous frais payés, qui incluait en général le déjeuner au zoo, une activité l'après-midi qui variait du tour de Manhattan en bateau à la visite de la statue de la Liberté. Et en général, cela finissait par un dîner.

Ah ! Le dîner ! Je suis devenu le plus grand gourmet du quartier, moi dont le menu quotidien se composait de spaghettis et de poisson pané surgelé. Bon, d'accord, à l'occasion il y a eu un McDonald ou une crêpe, mais la plupart du temps, j'ai dîné dans les meilleurs restaurants de New York !

Voilà ! Du début à la fin, ces journées ont été exceptionnelles, et j'ai tout fait pour qu'elles le restent. J'étais tellement discret et adroit que vous ne vous seriez aperçu de rien. J'ai même pensé écrire un livre racontant mes aventures, histoire de montrer à quel point j'étais maître de la situation... Jusqu'à ce que je commette une erreur fatale !

Surtout, ne vous méprenez pas, je n'ai rien fait de mal. Je veux dire par là que je n'ai rien commis d'illégal ou de hors-la-loi. Pour avouer la vérité, je pensais même que je rendais un fier service à l'humanité. La situation s'est compliquée lorsque j'ai voulu étendre mon M. O. aux femmes.

La plupart du temps, je menais à bien mon opération d'instinct, mais il m'est également arrivé de comprendre certaines choses par accident, ou par hasard. Dès le début, j'ai découvert que les meilleures cibles étaient les garçons plus jeunes que moi. La différence d'âge idéale était de deux ans, jamais moins d'un an et au plus quatre. De cette manière, ils pouvaient me considérer comme leur « grand frère ». Je me suis rendu compte immédiatement que les petits garçons aimaient bien qu'un type un peu plus vieux, comme moi, s'intéresse à eux. Et les pères gobaient la couleuvre en moins de deux.

Lorsque j'ai essayé pour la première fois, un samedi, cela s'est passé presque exactement comme je l'ai expliqué. Il y avait un gamin d'environ neuf ans, les cheveux roux hérissés et les dents de travers, qui criait dès que les gorilles amorçaient le moindre geste. Son père n'arrêtait pas de le couver du regard et souriait aux anges. Alors, moi, je me suis mêlé à la conversation, l'air de rien, au moment où les gorilles commençaient à se balancer sur le pneu. Peu après, nous sommes allés voir les deux gibbons au bout de l'allée sauter et voler sur leurs lianes en nous dévisageant, comme si c'étaient nous les animaux du zoo et eux les visiteurs. Donald se tordait de rire et son père aussi. M. Sutherland a fait le tour des cages et lu chaque panneau. Donald, lui, n'arrêtait pas de nous tirer la manche à tout instant :

– Hé, regarde, regarde !

Bientôt, il se mit à harceler son père pour aller déjeuner, et ils me proposèrent de leur montrer où se trouvait le restaurant et de manger avec eux. Je les ai emmenés à la cafétéria Safari et nous avons pris des hamburgers, des frites, avec des glaces pour finir. Le menu classique, quoi !

C'était vraiment une belle journée de printemps, nous nous sommes installés dehors autour d'une table, tous les trois ; on aurait dit un vrai repas de famille. Les Sutherland venaient de Scarsdale[1]. Ils ressemblaient exactement aux gens qui vivent à Manhattan ou dans le Bronx, mais ils avaient un drôle d'accent chantant ; je les ai immédiatement beaucoup aimés, le père comme le fils. Donald avait vraiment la pêche, il riait sans arrêt et M. Sutherland était sympa et curieux. Il m'a posé pas mal de questions sur moi, et je me suis dit qu'il faudrait que je m'habitue à ce genre d'interrogatoire :

– Où habites-tu ? En quelle classe es-tu ? Ta, euh... mère... Oh ! Tu vis chez ta tante ?

1. Banlieue de New York.

Est-ce que ta mère est vivante ? Ah bon ! Oui, je vois. Et ton père, où est-il, Danny ?

Cette fois-là, la première fois, j'ai fait une erreur grossière que j'ai corrigée par la suite. Lorsque M. Sutherland m'a demandé où se trouvait mon père, je lui ai dit la vérité, je lui ai raconté que ma mère tentait sa chance en Californie, que j'habitais avec tante Dorothée, qu'elle travaillait dans un grand magasin et le reste. Je lui ai avoué que mon père était parti avant même que je sois né, et que je ne l'avais jamais connu, et que personne ne savait très bien où il se trouvait actuellement. Cela m'a fait tout drôle de lui parler de ça. Mais il me l'avait demandé. J'étais relativement habitué à ce que des gens me posent ce genre de questions. Pendant que je lui racontais ma vie, il hochait la tête, l'air intéressé ; par contre, quand j'ai mentionné la disparition de mon père, j'ai senti un changement dans son attitude. Il souriait toujours, mais d'un sourire forcé maintenant.

– Mon papa et ma maman sont divorcés ! s'exclama Donald à ce moment-là.

On aurait pu croire qu'il en était fier !

– Ah bon ?

Je ne savais pas quoi répondre.

– Oui, et ils s'occupent de moi à tour de rôle.

– Hé, les garçons ! Que diriez-vous d'une balade dans le petit train découvert ?

Donald battit des mains.

– Oh oui ! Tu viens, Danny ? Allez, s'il te plaît !

J'ai accepté, remercié et tout. M. Sutherland semblait content que je dise oui, mais pendant le reste de la journée, il n'a plus été le même qu'avant de m'avoir posé ces questions sur moi.

En dépit de ce petit point noir, ce fut l'une des plus belles journées de ma vie. Presque aussi réussie que la fois où maman m'avait emmené à Coney Island quand j'avais six ans et que nous avions essayé tous les manèges du parc d'attractions. Lorsqu'elle avait le temps et que nous sortions ensemble, j'avais l'impression que nous étions deux enfants, car elle semblait s'amuser autant que moi. Après le petit train, M. Sutherland nous a offert un tour à dos de chameau, parce que Donald en avait envie. Je me sentais un peu idiot. Imaginez un garçon de mon âge à dos de chameau ; mais je ne pouvais m'empêcher d'être content de me trouver avec ce gamin de Scarsdale tandis que notre papa – son papa – debout derrière la barrière, nous regardait d'un air satisfait. Ensuite nous avons opté pour « le Monde des Ténèbres ». C'était un endroit super ! Tous les animaux dits nocturnes, c'est-à-dire ceux qui vivent la nuit, sont là. Quand nous sommes sortis, nous avons été éblouis par le soleil, et pendant une minute, nous sommes restés complètement aveuglés. Nous nous sommes encore promenés un moment, nous avons regardé d'autres animaux, dehors, et puis Donald a insisté auprès de son père pour aller à la boutique de souvenirs. M. Sutherland m'a demandé si je voulais quelque chose, et j'ai dit : « Non, merci », mais il nous a offert à chacun un chapeau et un poster. Donald commençait à en avoir assez du zoo, et il a demandé à partir. M. Sutherland a regardé sa montre.

– Mmm, il est encore tôt. Où aimerais-tu aller, à présent, Donald ?

Donald a réfléchi un moment, puis il a répondu :

– Au restaurant où nous avons mangé la semaine dernière. Est-ce que Danny peut venir avec nous ?

M. Sutherland s'est tourné vers moi :

– Qu'en penses-tu Danny ? Veux-tu dîner en notre compagnie ?

J'espérais seulement qu'ils me raccompagneraient chez moi. Je ne comptais pas du tout sur le dîner. Mais Donald m'a supplié :

– Allez, s'il te plaît, dis oui.

J'ai haussé les épaules, souri et déclaré :

– D'accord, si vous êtes sûrs que je ne gêne pas.

M. Sutherland avait une Cadillac bleu nuit avec des sièges en cuir blanc. J'avais déjà vu des voitures comme ça dans la rue sans être jamais monté à l'intérieur. C'est vraiment super. Donald s'est assis à l'arrière avec moi, et quand il a vu que je regardais avidement autour de moi, il s'est mis à me montrer comment cela fonctionnait. Les vitres automatiques, les portes à loquets électriques, les doubles haut-parleurs incorporés dans la plage arrière d'où sortait de la musique douce. Et le trajet ! Nous avons littéralement volé sur l'autoroute. J'aurais aimé aller au bout du monde et que cette sensation dure éternellement. Nous nous sommes arrêtés devant un restaurant. Il y avait de larges fenêtres, des chandeliers et des tapis tellement épais que les pieds s'enfonçaient dedans. Un homme vêtu d'un costume chic et d'une chemise à jabot nous a conduits vers une table qui donnait sur l'une des grandes baies vitrées. Je me sentais mal à l'aise en jean et en baskets, mais heureusement, Donald était habillé comme moi.

On nous a servi un dîner sensationnel : cocktail de crevettes, tournedos avec des légumes dont je ne connaissais pas le nom. Je n'avais jamais mangé de crevettes auparavant, et je ne savais pas comment les décortiquer. Alors, j'ai regardé M. Sutherland, puis je l'ai imité ; heureusement, ce n'était pas difficile. En plus, c'était super bon ! Pour le dessert, nous avons pris une mousse au chocolat au zeste d'orange. Elle avait le même aspect que les mousses normales, mais elle était cent fois meilleure. M. Sutherland a commandé un café pour finir. J'aurais bien aimé une tasse de café mais je n'ai pas osé demander. Maman m'en sert toujours, je sais cependant que la plupart des autres mères ne le font pas. Enfin, c'était quand même super d'être assis là et de regarder M. Sutherland boire le sien à petites gorgées, en fumant une cigarette. J'étais convaincu qu'il était le père idéal, et Donald le garçon le plus chanceux de la Terre. Même si son papa et sa maman étaient divorcés, c'était formidable d'avoir un père comme ça, de pouvoir passer une journée entière avec lui ; en plus il avait une voiture géniale. Certains enfants ont vraiment de la chance.

Ils m'ont reconduit jusqu'à la maison après le dîner. Je les ai remerciés et Donald a commencé à insister : il voulait revenir au zoo le samedi suivant pour qu'on se voie de nouveau. M. Sutherland a dit :

– Nous verrons, peut-être...

Donald a demandé s'ils pouvaient monter et visiter l'appartement dans lequel j'habitais. Son père a regardé sa montre, puis a refusé, car sa mère devait l'attendre ; ils ne pouvaient pas être en retard.

Je me suis couché tôt, ce soir-là. Je n'ai même pas regardé mon feuilleton préféré à la télé, parce qu'il fallait que je réfléchisse à beaucoup de choses au calme, avant d'être trop fatigué et de m'endormir. Je devais d'abord récapituler les aventures extraordinaires qui m'étaient arrivées en ce samedi unique. Ensuite, il faudrait que je mette au point mon plan pour la fois suivante.

Après avoir passé au crible ma journée, j'ai décidé que je n'avais commis qu'une seule erreur (comme ils disent dans les histoires de dé-

tectives) ; mon estomac s'est noué lorsque j'ai repensé à la tête de M. Sutherland quand j'avais mentionné mon père ; et la façon dont il s'était comporté avec moi le reste de la journée : gentiment mais en maintenant toujours une certaine distance entre nous. Oui, il fallait que je rectifie ma version de l'histoire, afin que ce malaise ne se reproduise plus.

Alors, j'ai réfléchi et j'ai trouvé. C'était simple. Je suis retourné au zoo le lendemain, et me suis dirigé vers l'aire de jeu des singes. Beaucoup de gens étaient rassemblés autour des gorilles. Les bébés singes se chamaillaient dehors. C'est à ce moment que j'ai remarqué M. Murdoch et Jeff.

2

M. Murdoch était aussi différent que possible de M. Sutherland. Il était petit, plutôt rondelet, avec une drôle de moustache carrée et des vêtements trop grands pour lui. Mais son fils, Jeff, me rappelait énormément Donald. Il avait les cheveux aussi hérissés que ceux de Donald, neuf ans et la même voix aiguë. « Bon, voilà qui fera l'affaire » ai-je pensé quand je l'ai entendu s'extasier devant les bébés gorilles.

En réalité, il y avait une grosse différence. Lorsque j'ai commencé mon numéro sur les gorilles, M. Murdoch ne m'a pas regardé, l'air surpris, comme M. Sutherland avant lui, et comme bien d'autres pères après lui. Il avait seulement l'air intéressé ! Puis, il a commencé à ajouter ses commentaires aux miens, par exemple : est-ce que nous – Jeff et moi – savions que les gorilles ne mangent pas de viande, qu'ils ne tuent que pour se protéger lorsqu'on les attaque, et des trucs de ce genre. Tout cela avant que j'apprenne qu'il était professeur. Je l'ai trouvé formidable, car il m'a aussitôt traité comme un vieil ami de la famille. Sur-le-champ, avant même que nous allions déjeuner. Je crois que si j'étais allé au zoo ce jour-là, juste pour le plaisir et non avec mon stratagème en tête, et si j'avais vu M. Murdoch et Jeff, je leur aurais parlé exactement de la même façon, et il se serait passé les mêmes choses. Et en effet, ils sont rapidement devenus des « réguliers ».

À l'intérieur de la maison des grands singes, M. Murdoch fit lire toutes les pancartes à Jeff, et nous raconta en détail les habitudes et la vie des différents animaux. C'était assez intéressant. Et Jeff adorait cela ! Au bout d'un petit moment, il se tourna vers moi et annonça d'un air important :

– Il est professeur.

– C'est vrai ? Est-ce que vous amenez quelquefois vos classes ici ? Pendant la semaine, il y a des millions de classes qui viennent visiter le zoo.

– Non, c'est bon pour les petits. Papa est prof au lycée. Le meilleur, là où vont tous les enfants intelligents, reprit Jeff.

M. Murdoch se mit à rire.

– Il n'y a heureusement pas qu'un seul bon lycée, Jeff.

Il s'amusait tellement en regardant les gibbons qui nous imitaient que Jeff dut le tirer par le bras pour que nous sortions. Une fois dehors, Jeff désigna le bâtiment de l'autre côté de l'allée.

– Oh ! « La Maison des reptiles » ! On peut y aller ?

Nous avons passé à peu près une heure là-bas. Jeff adore les serpents, les lézards et les bêtes qui rampent. M. Murdoch les apprécie également ; père et fils ne cessaient de s'extasier sur les différentes espèces ; au bout d'un moment, je me suis enthousiasmé à mon tour. Quand nous sommes partis, M. Murdoch a déclaré :

– Je suis sûr que vous mourez de faim, les garçons. C'est l'heure du déjeuner.

J'ai ralenti le pas, tandis qu'ils continuaient à avancer, alors M. Murdoch s'est retourné :

– Danny, tu ne viens pas avec nous ?

– Allez, Danny, tu n'as pas envie de manger, toi ? Moi, je meurs de faim ! s'est écrié Jeff.

J'ai haussé les épaules :

– Heu, d'accord...

M. Murdoch s'est approché et a posé une main sur mon épaule.

– Tu comprends, Danny, il faut que nous fassions le plein pour être d'attaque cet après-midi.

Il m'a souri en me lançant un regard de connivence qui ressemblait singulièrement à celui qu'il avait pour son fils. Sa main était chaude et c'était agréable de la sentir peser un peu sur mon épaule. À ce moment précis, j'ai su exactement ce que j'allais raconter à M. Murdoch. Vous comprenez, pour qu'il ne réagisse pas comme M. Sutherland, pour que tout continue comme en cette minute.

Le questionnaire habituel commença alors

que nous venions d'entamer notre hot dog et nos frites, mais ce fut Jeff qui posa les questions : où j'habitais et le reste ; on en arriva assez vite à mes parents.

– Mon père est mort quand j'étais encore bébé, leur ai-je répondu, tandis que ma gorge se serrait sur un morceau de saucisse.

– Mon père et ma mère sont divorcés, répliqua Jeff.

J'ai essayé de ne pas rire. On aurait dit qu'il m'avouait cela pour me consoler.

– C'est la raison pour laquelle nous sommes ici, ajouta-t-il. Papa et moi, nous nous voyons chaque week-end.

M. Murdoch se tortilla un peu sur sa chaise et émit un drôle de petit rire.

– Nous sommes toujours beaucoup sortis ensemble, Jeff...

– Oui, mais avant, maman venait, elle aussi.

Il se tourna vers moi :

– Tu sors souvent, toi, avec ta mère ? Moi quelquefois, mais pas autant qu'avec papa. Maman travaille et, pendant le week-end, il faut qu'elle s'occupe de la maison.

– C'est comme ma tante.

Je leur ai parlé alors de maman et de ma tante, et M. Murdoch a hoché la tête :

– Tu te débrouilles très bien, Danny. Que penserais-tu si nous faisions le tour du zoo en petit train, après le déjeuner ? Nous pourrions ainsi nous reposer, digérer notre repas et décider de nos plans pour le reste de l'après-midi.

C'était un autre côté positif de M. Murdoch. Il était très prévoyant. J'admire cette qualité chez les gens, parce que cela correspond à la façon dont j'aime opérer : avoir un plan, savoir ce que l'on va faire. Si on le change, ça n'a pas d'importance, mais de cette manière on n'est jamais pris de court. J'appréciais aussi qu'il ait toujours une réponse prête aux questions qu'on lui posait. Et une réponse valable, pas simplement histoire de dire quelque chose. J'aimerais bien lui ressembler à ce niveau. Je ne crois pas que ce soit uniquement dû au fait qu'il était prof. Je crois que cela faisait véritablement partie intégrante de sa personnalité. En y réfléchissant, je pense que c'est probablement la raison pour laquelle il enseignait, parce qu'il était comme ça, parce qu'il avait du talent pour expliquer les choses aux gens.

Le train était constitué de wagons colorés et il y avait un chauffeur qui commentait la balade. Lorsque nous sommes passés devant « le Monde des oiseaux », M. Murdoch nous a demandé si nous voulions y retourner après. Jeff s'est emballé :

– Oui, oh oui !

Et j'ai dit :

– Bonne idée.

Je n'étais pas vraiment très passionné par les oiseaux. Je préfère de loin les gros animaux, les singes par exemple. Mais j'ai changé d'avis ce jour-là. Quel endroit fantastique ! On se serait cru sous les tropiques. Quand on entre dans cet endroit, on a l'impression de pénétrer dans un univers complètement différent, beau et tranquille.

– Tu as aimé « le Monde des oiseaux », n'est-ce pas Danny ?

M. Murdoch m'a lancé un sourire complice en sortant, et j'ai acquiescé.

L'après-midi était déjà bien avancé lorsque M. Murdoch a dit qu'il était l'heure de partir. Jeff lui a demandé s'il était prévu qu'ils aillent dîner quelque part.

– Bien sûr, fiston. Je me posais d'ailleurs la question de savoir si Danny accepterait de venir avec nous.

Jeff s'est tourné vers moi.

– Bien sûr qu'il va vouloir, hein, Danny ?

– D'accord. Euh, je veux dire, si ça ne dérange pas...

M. Murdoch a souri, posé une de ses mains sur mon épaule et l'autre sur celle de Jeff.

– Non seulement cela ne nous dérange pas, mais cela nous fait très plaisir.

– C'est moi qui devrais vous remercier. C'est vrai, quoi...

Il faut vous avouer qu'à cet instant-là, j'ai bien failli m'étrangler. Heureusement, Jeff s'est mis à pépier :

– Est-ce qu'il peut passer une autre journée avec nous, dis papa ? On s'est tellement bien amusés.

– Qu'en penses-tu, Danny ?

M. Murdoch a tiré un calepin de sa poche et fouillé dans sa veste pour y trouver un stylo.

– Oh oui ! Ça me plairait beaucoup, si cela ne pose pas de problème, bien sûr.

Il a scruté son calendrier.

– Oh, oh ! Attendez un instant.

Il a jeté un coup d'œil vers Jeff, et je me suis dit : « Ça y est, c'est à l'eau. » Je savais bien que c'était trop beau pour être vrai.

– Le week-end prochain, tu as une sortie avec les louveteaux, Jeff.

– Ça n'a pas d'importance, ai-je assuré en essayant d'imaginer quel effet cela devait faire d'avoir un emploi du temps aussi chargé.

– Mettons-nous d'accord pour le dimanche suivant, dans ce cas-là. Personne n'y voit d'inconvénient ?

– Non, c'est parfait.

Je me suis demandé s'ils se souviendraient du rendez-vous. Cela paraissait si loin ! M. Murdoch a noté quelque chose dans son calepin.

– Je vais prendre ton numéro de téléphone, Danny, a-t-il dit, et je t'appellerai. Nous déciderons d'un rendez-vous et du programme pour la journée.

– On pourrait retourner au zoo, papa !

– Nous verrons, Jeff. Il se passe beaucoup de choses à New York. Peut-être opterons-nous pour une activité différente.

– Si tu veux, mais pas le jardin botanique !

Voilà, mon plan avait marché. J'étais content d'avoir raconté cette nouvelle version de mon histoire : le petit mensonge sur la mort de mon père juste après ma naissance. Qui sait ? C'était peut-être la vérité. Et pour nous, cela n'aurait rien changé qu'il soit mort. J'avais la plus formidable des mamans du monde, et jusqu'à ce qu'elle revienne, j'aurais une file ininterrompue de vies de famille heureuses. J'avais la chance d'avoir des tas de pères différents et, en plus, je les choisissais moi-même. Si je ne les aimais pas, il me suffisait d'inventer une excuse ou un empêchement lorsqu'ils me réinvitaient. J'ai cependant toujours accepté de passer une journée avec M. Murdoch. Avec M. Hall aussi, d'ailleurs.

C'était le samedi suivant et j'étais un peu en retard. Lorsque je suis arrivé devant l'aire de jeu, les gorilles n'étaient plus là, et il ne restait presque personne devant les grilles. Je suis entré dans « la Maison des singes », histoire d'essayer de localiser des gens qui m'inspiraient. Il y avait pas mal de monde, mais l'ambiance ne me paraissait pas favorable. En plus, à chaque fois que je voyais un homme avec un enfant et que j'amorçais un mouvement d'approche, une femme apparaissait comme par enchantement à leurs côtés. C'était tellement systématique que cela devenait risible.

J'ai fini par sortir. C'était une très belle journée de printemps, ensoleillée et chaude, alors j'en ai profité pour me promener ici et là. Au bout d'un moment, je me suis arrêté pour regarder les otaries. Il y en avait une en particulier qui semblait assez vieille ; elle titubait comme une balourde sur le bord de la pièce d'eau, en émettant des tas de bruits incroyables. Une foule de gens se serraient les uns contre les autres pour la voir. Je me suis attardé, fasciné par cette nouvelle amie qui, maintenant, s'ébattait lourdement dans l'eau, et soudain, j'ai entendu les mots magiques :

– Hé ! Regarde-la nager ! Ouais, elle gagnerait sans problème les Jeux Olympiques ! Comment est-ce qu'ils arrivent à la nourrir, elle est énorme !

C'était un petit garçon joufflu comme une balle. Même ses cheveux tombaient en grosses boucles rondes. Il s'adressait à un homme très grand et mince, avec des vêtements incroyables : une veste en daim, un pantalon brillant et une chemise à paillettes, comme seuls les chanteurs en portent sur scène. Le garçon était habillé plus simplement : jean, baskets, et T-shirt de base-ball. J'ai d'abord cru que c'était un garçon dans mon genre qui cherchait lui aussi un papa du zoo, mais j'ai vite compris qu'ils étaient ensemble.

– Je ne sais pas ce qu'ils lui donnent à manger, toutefois je suis persuadé qu'ils lui en apportent des quantités énormes. Il y a sûrement beaucoup de haricots blancs… et de la bière.

– Des haricots et de la bière ?

Le garçon lorgna en direction de son père. L'homme souriait.

– Allons, Brad, écoute un peu les bruits que

fait cette otarie, que penses-tu donc qu'elle mange ?

– Oh ! J'ai compris !

Et le gamin se mit à rire de bon cœur.

– Elle n'est pas mauvaise, Tony !

Ils se tournèrent soudain dans ma direction et me dévisagèrent. J'ai lancé un coup d'œil autour de moi, j'étais seul. J'ai alors compris que je riais aussi fort qu'une hyène, tout comme Brad, mais que j'avais continué de beugler tandis qu'il s'était arrêté. J'ai rougi.

– Mon père est toujours marrant, annonça la petite tête bouclée.

Lui, au moins, n'avait pas une voix flûtée, ni les cheveux hérissés. Et aucune silhouette de maman ne semblait décidée à se profiler. Peu importait, dans le fond, que ses parents ne soient pas divorcés. Après tout, je ne faisais aucune discrimination.

– Hé ! dit le père. Regardez ce qui est écrit sur le panneau : « Repas chaque jour à 15 heures. » Nous pourrions revenir plus tard et voir ce monstre marin avaler son festin si tu veux, Brad.

– D'ac !

– Elle mange sept livres de maquereau ou de thon chaque jour, les ai-je informés.

J'avais lu un dépliant à son sujet dans la boutique de souvenirs du zoo.

– Incroyable ! s'exclama l'homme. Hé, que fais-tu, mon petit gars ? Tu es seul ici ?

– Oui.

– Pourquoi ne viens-tu pas avec nous ? Nous avons grand besoin d'un accompagnateur sérieux.

Et voilà, c'était aussi simple que ça. Nous nous sommes présentés.

– Enchanté de vous connaître, monsieur Hall, Brad.

– Appelle-moi donc Tony. Danny, Tony et Brad, ça sonne bien, non ?

C'était Tony Hall tout craché. Brad essayait d'imiter son père dans ses moindres gestes et paroles. C'était hilarant de voir cette petite boule ronde copier le grand homme dégingandé.

C'était la première fois qu'ils venaient au zoo, mais j'aurais juré qu'ils avaient préparé des dizaines de blagues pour chaque animal qu'ils découvraient. Les zèbres étaient des chevaux déguisés en bagnards, les éléphants avaient été loués au service de voirie municipale, les singes avaient été renvoyés du ballet de l'Opéra, et les pingouins avec leurs tabliers blancs venaient d'un restaurant très connu où ils étaient serveurs. Ils inventaient des centaines d'histoires de ce genre, on aurait dit deux gosses.

Nous avons suivi le chemin habituel : après l'otarie, les singes, mais Tony et Brad se sont enfuis à toutes jambes en se bouchant le nez à cause de l'odeur. Ensuite, nous avons sauté dans le petit train, et Tony n'a pas arrêté de plaisanter avec le guide. Pendant le déjeuner, Brad s'est mis à faire des tas de bêtises : il nous a aspergés de Coca et Tony a commencé à le chatouiller pour le neutraliser, tandis que je me réfugiais sous la table. Ils étaient complètement déchaînés, et nous nous sommes bien amusés. Après le repas, on a marché jusqu'à la « Brousse africaine ». Vous ne pouvez pas vous imaginer à quel point cela les a inspirés ! Et puis ce fut l'heure d'aller voir le repas des otaries, et je n'arrêtais pas de rire en les entendant faire les dégoûtés devant le spectacle qui s'offrait à nous. Tout à coup, Tony a claqué des doigts.

– Hé, les garçons, j'ai une idée formidable ! Partons de ce paradis pour cannibales et allons au bord de la mer à City Island.

– Bonne idée ! s'écria Brad. Où c'est ?

Tony m'a lancé un clin d'œil :

– Arrête de rire une seconde et explique-lui.

Je pouvais à peine articuler tellement mes mâchoires me faisaient mal à force de rire.

– C'est une île à la pointe extrême du Bronx, pas très loin d'ici. J'en ai entendu parler, mais je n'y suis jamais allé.

– Eh bien, ce soir, tu ne pourras plus dire cela. Allez les garçons, en route !

Quand nous sommes arrivés au parking pour prendre leur voiture, j'ai joué à un petit jeu, intérieurement ; j'ai essayé d'imaginer quel genre d'auto avaient ces énergumènes. J'hésitais entre une Rolls Royce et une Mercedes. Je me trompais complètement ! C'était la plus racée et la plus rutilante voiture de sport rouge vif que j'aie jamais vue de ma vie, une voiture étrangère avec un avant effilé qui lui donnait une allure d'avion, si basse qu'elle touchait presque le sol. Tony a ouvert la portière et je me suis arrêté net. C'était une deux-places !

– Allez, saute là-dedans, tu n'es pas gros !

Je me suis poussé autant que j'ai pu pour laisser de la place à Brad. Nous étions un peu serrés, mais on s'est arrangés. Tony nous a attachés ensemble avec la ceinture de sécurité. Ça nous a fait bien rire ; en plus, il me donnait un coup à chaque fois qu'il passait en première parce qu'il n'y avait pas assez de place ! Nous n'avons pas eu l'occasion de rouler vraiment vite, à cause de la circulation, toutefois, dès qu'il le pouvait, Tony appuyait sur le champignon, et la voiture bondissait à toute allure.

City Island est un endroit où les gens appontent leurs bateaux. C'est de là que partent bon nombre de balades en mer et de parties de pêche. On a emprunté une longue rue étroite bordée de toutes sortes de magasins : des antiquaires, des galeries d'art et des tas de bars et de restaurants. Dans les petites rues, derrière, il y avait de minuscules maisons. À la pointe de l'île, nous avons découvert le détroit. C'était amusant de voir tous ces bateaux de plaisance pimpants. Certains d'entre eux étaient vraiment sensationnels. Il y avait aussi des petits voiliers et puis, bien sûr, des bateaux de pêche.

– Tu es déjà allé à la pêche ? m'a demandé Tony tandis que nous nous promenions sur le port. Non ? Peut-être pourrions-nous essayer un de ces jours, qu'en penses-tu mon bouchon ?

Il questionnait Brad maintenant, mais j'étais inclus dans le projet !

Nous avons dîné dans un restaurant dont la salle à manger surplombait l'eau, et comme il y avait d'immenses baies vitrées, on avait l'impression de se trouver dans un bateau. C'était très chouette. Le homard aussi. Je n'adore pas le poisson, à part le poisson pané, parce que ça ne sent presque plus le poisson lorsque c'est frit. Mais là, ça n'avait rien à voir. Le seul problème était de parvenir à la chair. Comme c'était la première fois que Brad en mangeait lui aussi, on s'est bien amusés en essayant d'ouvrir la carapace à l'aide d'un casse-noisettes, ou de tirer avec de minuscules fourchettes sur la chair qu'on trempait ensuite délicatement dans le beurre fondu. Tony nous a montré comment il fallait s'y prendre. Après avoir terminé, une serveuse nous a apporté à chacun un bol rempli d'un liquide jaune. J'ai pris ma fourchette et je l'ai plongée dans le bol, tandis que Tony éclatait de rire :

– Attention, mon vieux, c'est une serviette trempée dans l'eau chaude pour te rincer les doigts !

Brad a poussé un hurlement, en la relâchant dans le bol :

– Aïe ! Qu'est-ce qu'ils veulent, vous nettoyer ou vous brûler ?

On a mangé de la tarte pour le dessert, et ils ne commencèrent à me poser des questions sur ma vie qu'à ce moment-là. J'avais attendu l'interrogatoire pendant le déjeuner, mais rien n'était arrivé. À part savoir où j'habitais et où j'allais à l'école. Je dois avouer que cela m'avait étonné, mais ils étaient tellement cinglés que je m'étais dit que ces détails-là ne les intéressaient pas. Nous étions assis autour de la table, attendant notre dessert, et l'excitation était un peu retombée ; alors, comme ils étaient à court de blagues, ils ont fait preuve de curiosité à mon égard. Je leur ai raconté mon histoire ; ils n'ont rien dit et ils ont continué à se comporter exactement de la même manière vis-à-vis de moi. Au bout d'un moment, Brad m'a interrompu :

– Moi aussi j'ai une maman, mais Tony et elle sont en train de divorcer.

– Oui, a renchéri Tony avec un petit sourire, elle s'est lassée de mes plaisanteries.

La serveuse a apporté un pot de café et Tony m'a demandé si j'en voulais un peu ; il est le seul papa du zoo qui m'ait jamais proposé du café. J'étais vraiment triste pour Brad qui ne pouvait pas voir quelqu'un d'aussi chouette que Tony tous les jours ! Enfin, quoi qu'il en soit, mieux valait une fois par semaine que jamais. Et avec un peu de chance, je pourrais en profiter également.

Quand ils m'ont déposé devant chez moi, Tony a sorti une carte de son portefeuille et me l'a tendue.

– Voilà, Danny, c'est mon numéro de téléphone. Appelle-moi vendredi prochain, et nous essaierons d'arranger une nouvelle journée mémorable.

Brad m'a donné un coup de poing amical dans la poitrine.

– À la semaine prochaine, Danny. D'accord ?

– D'accord. Et merci, Tony. Merci, Brad. Merci beaucoup. J'ai passé une journée formidable.

Ils m'ont souri et m'ont fait des signes de main, tandis que la voiture s'éloignait. Je suis resté sous le porche jusqu'à ce qu'ils disparaissent. La voiture ressemblait à un chariot ailé qui volait à toute allure sans même toucher le sol. J'ai secoué la tête et cligné des yeux, pensant qu'ainsi je m'éveillerais peut-être de mon rêve. Mais quand j'ai regardé autour de moi, tout était là, bien pareil, absolument vrai. J'ai baissé les yeux sur la carte que Tony m'avait donnée. Il y avait écrit en belles lettres dorées : « Anthony Hall, public-relation ». En dessous, en caractères plus petits, on lisait une adresse sur Madison Avenue, à New York, et un numéro de téléphone. J'ai monté les marches deux à deux. Il fallait absolument que je pense à acheter un agenda. Et également un petit carnet d'adresses. Les affaires commençaient à marcher.

CIRCUS

3

– J'ai une bonne surprise pour toi, Danny, me dit tante Dorothée le lendemain matin. J'ai réservé deux places pour le cirque cet après-midi.

Elle avait sur les lèvres son petit sourire mi-tendre, mi-rusé.

– Comment ça se fait ? Tu ne travailles pas aujourd'hui ?

– J'ai changé de jour de congé avec une collègue. Tu n'es pas content ?

– Si, c'est super.

Elle s'est mise à rire et je lui ai souri. Derrière mon dos, j'ai croisé mes doigts, il s'en était fallu de peu que je ne sois dans une situation impossible. Heureusement que je n'avais pas de rendez-vous avec les Murdoch, à cause de la sortie de Jeff chez les scouts.

– Tu veux savoir un secret ? demanda-t-elle. Je ne suis jamais allée au cirque.

– Moi non plus !

Nous avons éclaté de rire tous les deux et elle m'a serré très fort dans ses bras.

C'était la première fois que je sortais avec tante Dorothée. Ses jours de congé tombaient toujours pendant la semaine, alors que j'étais à l'école. Elle préférait cette solution, comme ça elle pouvait faire ses courses lorsqu'il n'y avait pas trop de monde dans les magasins et éviter la foule des week-ends. Évidemment, cela ne nous laissait pas beaucoup de temps à passer ensemble. Avant son départ, maman m'avait expliqué qu'il ne fallait pas que tante Dorothée change ses habitudes à cause de moi, et tante Dorothée le lui avait promis. Cela ne l'empêchait pas de prendre de temps en temps un jour de congé le week-end pour que nous puissions faire quelque chose de spécial.

Le cirque était sensationnel. J'avais déjà vu des numéros à la télé, mais c'est complètement différent quand on y va pour de vrai. Il se passe tellement de choses à la fois que, par moments, on ne sait plus où donner de la tête. C'est à vous couper le souffle. Une ou deux fois, je me suis presque arrêté de respirer. Tante Dorothée aussi. Un des clowns s'est approché de nous pendant son numéro et j'ai rougi lorsqu'il s'est adressé à moi comme à un gamin. Tante Dorothée s'est mise à plaisanter avec lui. Ensuite elle m'a acheté presque tout ce que les ouvreuses vendaient : du pop-corn, des hot dogs, une glace et des bonbons. À la fin de la représentation, nous étions tellement gavés de sucreries que nous n'avions plus faim, ni l'un ni l'autre.

– Je t'emmène dans un restaurant chic pour dîner, Danny, a dit tante Dorothée.

J'ai grogné :

– Oh, ne me parle pas de manger !

Vers neuf heures ce soir-là, nous avons cependant retrouvé notre appétit et nous sommes allés dans un endroit où ils servent des hamburgers et des tas de plats différents. Nous étions sur le point de commander des steaks frites quand nous avons vu les serveurs apporter des glaces énormes, alors nous avons opté pour deux banana split géants. C'était super. La journée a été formidable du début à la fin. Sortir avec tante Dorothée, c'était presque comme sortir avec un papa du zoo, sans l'autre garçon. Presque, mais pas tout à fait. Le seul inconvénient est qu'elle devient parfois très sérieuse et se comporte comme si elle était responsable de moi parce qu'elle est ma tante et que maman m'a confié à elle. Elle ne sait pas à quel point je sais me débrouiller seul !

Le jeudi suivant, en plein milieu de l'émission que je regardais à la télé, le téléphone a sonné. C'était pour moi !

– Danny, ici M. Murdoch. Comment vas-tu ?

– Bien, très bien. Et vous ? Et Jeff ?

Il a ri.

– Très bien aussi, tous les deux. Danny, je te téléphone au sujet de dimanche prochain. Mon frère arrive du Michigan en avion, alors Jeff et moi avons pensé qu'il serait intéressant d'aller à J. F. Kennedy un peu plus tôt et de s'y promener. Tu es déjà allé là-bas ?

– À Kennedy ? Vous voulez dire à l'aéroport ?

Il a ri à nouveau.

– Oui, à l'aéroport international J. F. Kennedy.

Je n'avais jamais mis les pieds dans un aéroport de ma vie.

– Non, je n'y suis jamais allé, monsieur Murdoch, c'est une très bonne idée.

– Bien, bien. Que dirais-tu si nous venions te prendre chez toi vers une heure et demie ?

– C'est parfait, je vous attendrai en bas, dans la rue.

– D'accord. Au fait, Danny, n'oublie pas de prévenir ta tante.

– Oui, bien sûr. Je lui ai parlé de vous et de Jeff. Peut-être qu'un de ces dimanches elle sera de congé et que vous pourrez la rencontrer.

– Cela me ferait plaisir, Danny. Au revoir, à dimanche.

J'ai pris mon nouvel agenda flambant neuf et noté mon premier rendez-vous. C'était un beau carnet rouge et or. Je l'avais choisi assez grand afin d'avoir de la place. Je l'ouvris au deuxième dimanche d'avril et j'écrivis de ma plus belle écriture : « *M. Murdoch et Jeff, 13 h 30, J. F. Kennedy.* »

Il me fut difficile ensuite de me concentrer sur l'émission que je regardais. De toute manière, elle était plutôt ennuyeuse. Je n'arrêtais pas de penser au week-end et à la chance unique que j'avais d'aller voir l'aéroport, les avions géants, les bâtiments et les voyageurs arrivant et partant pour tous les pays du monde. Et puis, j'allais revoir Tony et Brad le samedi. Je me demandais ce qu'ils avaient prévu. Ce serait drôle, s'ils avaient décidé, eux aussi, de visiter l'aéroport.

Alors, imaginez ma surprise quand, ayant appelé Tony, il m'a expliqué qu'il allait à l'aéroport... mais pas avec moi.

– Écoute, mon vieux, je suis désolé de te décevoir. J'ai un petit problème et je dois partir en avion pour le Texas dès ce soir. Je suis content que tu aies réussi à me joindre avant mon départ, Danny ! Ma semaine a été tellement chargée que j'avais complètement perdu de vue notre rendez-vous. Pourquoi ne me donnes-tu pas ton numéro de téléphone, je te passerai un coup de fil à mon retour et nous ferons des plans à ce moment-là. D'accord ?

– D'accord, ai-je répondu et je lui ai dicté mon numéro de téléphone. Je n'ai pas oublié de lui souhaiter bon voyage, ni de donner le bonjour à Brad. Quand j'ai raccroché, je n'étais plus du tout d'humeur à rire. J'avais même un drôle de goût amer dans la bouche, l'impression désagréable d'avoir été rejeté. J'ai pensé à la phrase que se disent les adultes : « Ne m'appelle pas, moi je t'appellerai. » Ce qui signifie : « Ne m'ennuie pas, je te téléphonerai peut-être si j'en ai envie. » J'ai haussé les épaules en murmurant « Tant pis » puis j'ai repensé à ce que je m'étais dit : « Oui, c'était trop beau pour être vrai. » Parce qu'il faut avouer que je n'avais jamais rencontré un papa aussi sympa de ma vie, du moins pas en chair et en os. Bof ! Comme ça j'aurais une journée de libre et je pourrais essayer de trouver quelqu'un d'aussi bien, ou d'encore mieux !

Le docteur Remler n'était pas mieux, mais il était vraiment très gentil. Il était aussi différent que possible de Tony, d'ailleurs. Beaucoup plus calme et plus sérieux. Il ne cessait de tirer sur sa pipe. Avant d'apprendre qu'il était docteur, je croyais qu'il était professeur ou quelque chose comme ça. Ce que j'ai le plus apprécié chez lui, c'était l'intérêt qu'il semblait me porter. Il était toujours attentif à ce que je disais, à ce que je pensais sur différents événements, à tout quoi. Son fils Bobby aussi était gentil, mais un peu ballot. Il avait dix ans, l'air curieux, sympa et tout, bien que pas très malin. J'ai cru comprendre que son père désirait que j'aie une bonne influence sur Bobby.

À peine arrivé, je les ai rencontrés près de « la Maison des grands singes ». Nous avons parlé des gorilles puis nous avons lu les panneaux et discuté de leurs habitudes. Le docteur Remler me regardait comme si j'étais un petit génie précoce et surdoué, tandis que je débitais mon discours ; Bobby, lui, est resté bouche bée. Ensuite, ils m'ont demandé si je voulais déjeuner avec eux.

C'était une belle journée. Pendant que nous mangions nos hamburgers, le docteur Remler a mentionné la chance que nous avions qu'il ne pleuve pas le week-end, alors que pendant la semaine, ces derniers temps, la pluie tombait souvent. Cela m'a frappé pour la première fois ; oui, j'étais vraiment chanceux, car tous mes plans seraient tombés à l'eau s'il avait fait mauvais ! Bien sûr, le zoo reste ouvert qu'il pleuve ou qu'il vente, mais le beau temps m'avait beaucoup aidé. Ma chance ne durerait sûrement pas toujours, mais le week-end il y a des tas d'autres choses à faire lorsqu'il pleut. Et en particulier lorsqu'on a des familles. C'est à ce moment-là qu'ont commencé les questions :

– Et ton père ?

J'ai regardé le docteur Remler droit dans les yeux en lui racontant mon histoire. Il a seulement hoché la tête en tirant sur sa pipe, comme lorsque j'avais expliqué à Bobby que les gorilles n'utilisaient leur repaire qu'une seule fois. J'ai décidé alors que j'aimais bien ce genre d'homme. Il n'y en a pas tellement, dans le fond. Il y a tant de gens qui prennent des airs émus quand vous leur racontez des choses personnelles ou des histoires tristes sur d'autres gens. Je me suis souvenu à ce moment qu'il était docteur, il devait être habitué à entendre des confessions.

– Qu'aimerais-tu faire plus tard, quand tu seras grand ? m'a-t-il demandé ensuite.

Sans même réfléchir, j'ai répondu :

– Savant. C'est vraiment le genre de métier qui me tenterait.

Nous avons passé un après-midi passionnant. Nous avons exploré « l'Asie sauvage ». C'est une partie du zoo qui vient d'être inaugurée, un espace énorme où se trouvent toutes sortes d'animaux sauvages venant directement d'Asie. Les bêtes se promènent en liberté et on peut les contempler du train qui parcourt l'endroit. On est assis dans un petit wagon et on fait un tour immense. Eh bien, moi qui ne suis jamais allé en Asie ou par là (en fait je n'ai même jamais quitté New York), j'avais réellement l'impression de m'y trouver pour de bon, et j'ai compris à quoi cela devait ressembler. On avançait doucement juste au-dessus des animaux : des tigres, des éléphants, de drôles d'antilopes et toutes sortes de bêtes qu'on ne voit jamais, à part dans les films, et qui se bagarraient ou se baignaient, exactement comme elles le font là où elles vivent vraiment.

Bobby et les autres petits gamins du wagon ne cessaient de crier des choses du genre : « Regarde ça ! Ouais ! Tu te rends compte ? C'est incroyable ! » tandis que nous passions près de certains animaux ou que nous voyions des tigres s'ébrouer dans l'eau comme de gros chats. Le docteur Remler se contentait de sourire et de regarder ce qui l'entourait. Moi aussi. Ni l'un ni l'autre nous ne parlions. Nous étions trop occupés à inscrire les moindres détails au fin fond de notre mémoire.

Sur le chemin du retour, Bobby n'arrêta pas de commenter tout ce qu'il avait vu. Soudain, le docteur Remler se tourna vers moi.

– Et toi, Danny, qu'en penses-tu ?

– C'est un des endroits les plus fantastiques que j'aie jamais vus, ai-je répondu.

Un sourire fugitif a éclairé son visage.

– Oui, s'est exclamé Bobby, moi aussi ! Hé, papa, où allons-nous dîner ? Est-ce que Danny peut venir avec nous ?

– Veux-tu nous accompagner ? demanda le docteur Remler. Cela nous ferait vraiment plaisir.

Ils avaient une Mercedes, un des plus gros modèles. Bobby voulait dîner dans un restaurant italien, alors le docteur Remler nous a emmenés dans une pizzeria très connue dans la section italienne du Bronx. Ce n'était pas très loin du zoo, ni de la rue où j'habite.

Je m'imaginais que si le restaurant était si connu, il devait être chic, en fait pas du tout. Il y avait une grande pièce simple, remplie de tables et de chaises serrées les unes contre les autres, et un menu fantastique. Nous avons commandé des spécialités que je n'avais jamais goûtées auparavant : des antipasti (à vrai dire, je n'en avais même jamais entendu parler), et puis après, j'ai mangé mes premières lasagnes. Depuis ce jour-là, la pizza n'est plus mon plat italien préféré. Les pizzas et les glaces italiennes étaient les seules choses que je connaissais jusqu'alors. Je me suis dit que tante Dorothée et moi, on pourrait peut-être inviter maman dans ce restaurant, quand elle reviendrait.

Nous avions tellement mangé qu'on aurait pu nous faire rouler jusqu'à la voiture après le repas. Bobby me regardait sans arrêt et écoutait religieusement ce que je disais, comme si j'étais une espèce de gourou. Du coup, j'étais un peu gêné, mais content aussi. J'ai décidé que je les aimais bien tous les deux, et j'ai gardé les doigts croisés en touchant du bois pendant le trajet de retour, en espérant qu'ils m'inviteraient de nouveau.

– Pourquoi ne pas nous revoir un de ces jours ? demanda le docteur Remler en arrêtant sa voiture en face de l'immeuble. Nous pourrions passer une autre journée agréable.

– Ça me plairait beaucoup, ai-je répondu.

Tandis que Bobby s'écriait :

– À moi aussi.

Ils ont noté mon numéro de téléphone et j'ai monté l'escalier en courant pour écrire leur nom sur l'une des pages blanches de mon agenda afin de ne pas l'oublier, même s'ils n'appelaient pas avant longtemps. Après tout, j'étais de plus en plus occupé, et puis on ne prend jamais trop de précautions...

J'étais vraiment inquiet quand je me suis réveillé, le lendemain matin, et que j'ai vu qu'il pleuvait. Ma chance habituelle m'avait finalement laissé tomber comme une vieille chaussette. Aussi, lorsque le téléphone a sonné vers midi et que j'ai entendu la voix de M. Murdoch à l'autre bout du fil, je me suis dit que nos plans étaient à l'eau.

– Danny, nous passerons à deux heures, au lieu de une heure et demie, ça marche toujours ?

– J'avais peur que vous annuliez tout, à cause de la pluie.

– Tout annuler ! Bien sûr que non, pour rien au monde ! La pluie n'a jamais empêché personne de s'amuser ! En plus, fais-moi confiance, Danny, en début d'après-midi, la pluie s'arrêtera. Tu verras, tu nous attendras au soleil.

Je suis sûr qu'aucun gosse sur la Terre n'a de plus chouettes papas que moi. Un peu sorciers, aussi. Parce que, lorsque je suis descendu dans la rue à deux heures moins le quart, le soleil perçait la couche de nuages !

– Est-ce que je ne te l'avais pas dit ? se rengorgea M. Murdoch, tandis que je m'installais à côté de Jeff.

Jeff souriait de toutes ses dents.

– Mon papa est le meilleur météorologiste qui soit, je n'écoute jamais ceux de la télé, je lui demande toujours à lui.

M. Murdoch rayonnait de plaisir.

– Et en général j'ai raison une fois sur deux.

– C'est vrai ? ai-je repris, ne sachant pas très bien si c'était une boutade. C'est votre passe-temps favori ?

– Pas vraiment. C'est davantage un jeu entre Jeff et moi.

J'ai trouvé que c'était amusant. C'est bien d'avoir des jeux comme ça, entre père et fils. On peut en avoir avec les mères également, mais ce n'est pas pareil. J'en suis sûr. À mesure que je connaîtrais mieux mes papas du zoo, je pourrais probablement jouer avec eux, moi aussi.

– Alors qu'as-tu fait de beau cette semaine ? me questionna M. Murdoch en jetant un coup d'œil dans le rétroviseur tandis que nous étions bloqués par la circulation sur le pont.

Les fenêtres de la voiture étaient entrouvertes, une odeur agréable montait du dehors. Le genre d'odeur qui règne quand le soleil apparaît et sèche le sol après la pluie.

J'ai haussé les épaules :

– Rien de spécial. Je suis allé en classe, je me suis baladé dans le coin avec des copains.

Jeff a levé un regard étonné vers moi.

– Au zoo ?

J'ai ri.

– Oh non, j'y vais seulement le week-end.

Je me suis tassé sur mon siège le plus possible en priant le ciel qu'il change de sujet.

Il a simplement hoché la tête.

– Est-ce que ta tante est chez toi quand tu reviens de l'école ? a continué M. Murdoch.

– Non, elle rentre du travail vers huit heures.

– Comment tu t'occupes, en attendant ?

– Oh, je fais un tour chez le marchand de bonbons ou je reste près de l'école. Quelquefois, je rentre à la maison, je regarde la télé et je fais mes devoirs.

– Moi aussi, a dit Jeff.

M. Murdoch a souri.

– Il est agréable de constater à quel point vous êtes studieux.

Il avait l'air de ne pas nous croire, ni l'un ni l'autre, alors nous avons souri nous aussi.

La circulation était moins dense et, après avoir passé le pont, nous nous sommes retrouvés sur une énorme autoroute avec des tas de panneaux rapprochés, dont la plupart indiquaient l'aéroport J. F. Kennedy. À l'aéroport, il y avait des signalisations de toutes les couleurs : chaque compagnie avait sa propre couleur, comme ça, on trouvait plus facilement la route qu'il fallait prendre. Je pense que les adultes lisent les indications très vite (c'est forcé quand on conduit), et qu'ils comprennent immédiatement ce dont il s'agit. Je me suis demandé si, un jour, moi aussi j'en serais capable, car pour l'instant, je me sentais perdu. M. Murdoch grimaçait et marmonnait dans sa barbe, se demandant où il devait tourner, quand Jeff se mit à hurler :

– Regarde celui-là. Il est vraiment bas !

Il était effectivement très bas, mais cela n'avait rien d'étonnant parce que nous étions arrivés au cœur de l'aéroport, et nous pouvions voir à peu de distance un énorme avion qui s'apprêtait à atterrir. Je n'en avais jamais vu de si près, de plus, il volait encore ! Nous avons pénétré dans un parking gigantesque et, en sortant, M. Murdoch a lu attentivement les indications et désigné l'un des bâtiments.

J'ai eu l'impression d'ouvrir une paroi vitrée et d'entrer dans un monde complètement nouveau. Il y avait des systèmes d'œil électronique aux portes : lorsqu'on s'en approchait, elles s'ouvraient et se refermaient automatiquement. Et puis, il y avait les endroits où l'on récupère les bagages : ce sont des espèces de larges tapis roulants sur lesquels sont entassés toutes sortes de valises, de sacs et de malles. Les gens se tiennent autour, regardent et saisissent soudain les bagages qui leur appartiennent.

– Que se passerait-il si les gens prenaient les valises qui ne sont pas à eux ? Comment est-ce qu'on pourrait s'en apercevoir ? ai-je demandé tandis que nous nous attardions devant ce spectacle insolite.

M. Murdoch m'a répondu qu'il faut avoir un reçu pour ses bagages, et le numéro doit correspondre à celui qui est accroché sur la valise ; j'ai regardé autour de moi et, effectivement, de nombreuses personnes avaient en main des tickets sur lesquels étaient inscrits des numéros. Cependant personne ne vérifiait ces billets ; ni les propriétaires des bagages, ni les douaniers ou le personnel de l'aéroport. Les gens étaient là tout simplement à attendre et, brusquement, ils attrapaient un sac ou une valise. J'ai essayé d'imaginer ce qui se passerait si, moi aussi, je faisais la même chose. J'en mourais d'envie, juste pour voir ce qui arriverait, mais bien sûr, je n'osais pas.

M. Murdoch m'a regardé bizarrement, et je me suis demandé s'il pouvait lire mes pensées. Après tout, s'il était expert en météorologie… Il a juste dit :

– Tu as raison, Danny. Personne ne vérifie vraiment quoi que ce soit, n'est-ce pas ?

– De quoi parlez-vous, vous deux ? questionna Jeff.

– C'est un secret entre nous, a répondu M. Murdoch en souriant. Tu aurais bien envie d'essayer toi aussi, n'est-ce pas, Danny ?

– Qu'est-ce que vous complotez ?

Jeff tirait sur le bras de son père, tandis que M. Murdoch et moi riions si fort à présent, que ni l'un ni l'autre ne pouvait lui expliquer.

Je crois que je n'oublierai jamais ce moment-là. C'était la première fois que je partageais ce genre de complicité avec un de mes papas du zoo.

Nous avons vérifié l'heure des arrivées sur un tableau électronique, et nous nous sommes aperçus que l'avion du frère de M. Murdoch aurait une demi-heure de retard. Alors, nous sommes allés au centre d'informations, et M. Murdoch a pris des tas de dépliants racontant la vie de l'aéroport. Il y avait d'abord des choses très ennuyeuses dans le genre : l'aéroport est neuf fois plus grand que celui de La Guardia, il occupe une surface équivalant à un quart de l'île de Manhattan. Le dépliant indiquait aussi le nombre de terminaux et des trucs comme ça. Et puis, ça devenait passionnant.

– Il y a une exposition avec la réplique exacte du premier avion des frères Wright. Allons la voir, d'accord ?

Jeff était aussi excité que son père, surtout quand il découvrit le modèle.

– Regarde un peu cet engin ! s'écria-t-il.

Il faut dire que c'était vraiment intéressant de voir la copie conforme du premier avion jamais fabriqué. Nous étions tellement fascinés par cette machine qu'après l'avoir observée dans ses moindres détails, il ne nous resta que peu de temps pour regarder les avions atterrir et décoller. Alors que nous passions à côté du bar, Jeff demanda si nous pourrions avoir quelque chose à grignoter.

– Bien sûr, prenez ce que vous voulez, les garçons.

Jeff choisit une barre de chocolat, et moi je l'imitai. M. Murdoch tendit à l'homme un billet.

– Voilà de quoi payer les friandises de mes deux garçons.

J'ai levé les yeux vers lui, sa drôle de moustache carrée, son pantalon qui lui faisait des poches comme s'il avait pris la pluie la veille, et j'ai pensé à ce moment-là qu'il était l'homme le plus sensationnel que j'aie jamais rencontré de ma vie.

Il n'avait qu'un inconvénient : quelquefois, il parlait trop. Nous étions debout en train de regarder les avions atterrir et décoller, et il ne cessait de nous désigner de nouveaux engins, de nous expliquer quelle sorte d'avions c'était, à quel moment ils arrêtaient leur moteur, la différence entre un Boeing 747 et un DC 10, et d'autres informations que tout le monde connaît. J'aurais préféré pouvoir simplement me concentrer sur ce que je voyais parce qu'il est possible d'apprendre des tas de choses en regardant simplement ; quand quelqu'un ne cesse de parler, cela gâche la concentration. Oh ! Ne me faites pas dire ce que je ne pense pas ! J'appréciais son désir de nous informer le plus possible, et il est vrai que Jeff, lui, devait ignorer la plupart de ces renseignements. Je veux juste vous expliquer qu'il arrivait à M. Murdoch d'être trop professeur. Vous comprenez ? Mais je préfère de loin être avec lui, exactement comme il est, plutôt qu'avec beaucoup d'autres gens que je connais ; par exemple d'autres papas du zoo que j'ai rencontrés, et avec lesquels je ne repasserai sûrement pas un second après-midi, même s'ils m'offraient la lune.

Nous sommes restés sur la terrasse si longtemps qu'il nous a fallu courir pour accueillir à temps le frère de M. Murdoch. Son avion s'était déjà posé, aussi M. Murdoch a-t-il décidé de descendre voir à l'arrivée des bagages. Jeff et moi devions rester devant la porte par laquelle il sortirait, au cas où il le manquerait.

C'était amusant d'attendre là et de regarder les gens. Deux petits garçons habillés avec des drôles de costumes : un pantalon court et un nœud papillon ; une fille très jolie aux magnifiques cheveux longs et dorés qui portait une veste avec des dessins et un jean plein de trous si gros que ses deux genoux dépassaient ! Une femme vêtue d'une longue jupe à grosses fleurs (on aurait dit qu'elle avait été confectionnée dans un bout de rideau), une veste qui ressemblait à des queues de lapins cousues l'une à l'autre et un petit sac en paillettes argentées qui avait tout l'air de papier d'aluminium. Elle portait également des chaussures étranges, un peu spatiales, noires et voyantes, qui montaient vraiment haut, avec des semelles de crêpe. Et vous ne me croirez jamais : un homme en kilt !

– Regarde-le ! m'a dit Jeff, en me donnant un coup de coude. Pourquoi porte-t-il une jupe ?

J'ai éclaté de rire.

– On appelle ce vêtement un kilt. Tous les Écossais en portent. Peut-être fait-il partie d'une troupe de joueurs de cornemuse ou quelque chose de ce genre.

– Ah oui ? Comment c'est, un groupe de joueurs de cornemuse ?

Je me souvenais en avoir vu à l'église Saint-Patrick, à l'occasion d'une parade, quand j'habitais dans Manhattan. Ils jouaient une musique étrange, mais je me rappelle que je l'avais bien aimée. J'ai commencé à lui raconter ce que je savais et du coup, il n'a pas cessé de me poser des tas de questions... Il était fasciné par l'Écosse, les kilts et les cornemuses, et je me suis rapidement retrouvé à court de réponses, regrettant l'absence de M. Murdoch parce que malgré tout, il était plus calé que moi. Au moment précis où j'allais avouer à Jeff que je n'en savais pas plus long, mon regard a croisé ses grands yeux bruns éberlués et il s'est exclamé :

– Ben dis donc, tu en connais des choses !

Je lui ai tapoté l'épaule gentiment, et j'ai affirmé :

– Quand tu auras mon âge, tu en sauras autant que moi.

Il m'a souri en découvrant ses drôles de dents un peu de travers, et je lui ai souri aussi. J'ai pensé que ça devait être formidable d'avoir un petit frère.

– Jeff ! Danny !

Nous nous sommes retournés comme un seul homme, et nous avons vu M. Murdoch accompagné d'un énergumène qui lui ressemblait exactement, en plus mince. Il a soulevé Jeff et l'a fait tourner plusieurs fois.

– Salut, Jeff. Oh ! Tu vas bientôt être un véritable géant !

Puis il m'a tendu la main.

– Bonjour, mon garçon, je suis l'oncle Max.

J'ai bien aimé l'oncle Max. Dans un sens, il me rappelait Tony, bien qu'il ne soit pas aussi élégant. Mais il était comme lui, amical et bavard, blaguant sans arrêt. Il était vraiment facile de bien s'entendre avec lui. Jeff et lui s'adoraient.

– Écoutez, proposa-t-il en se frottant les mains. Que diriez-vous d'aller à Manhattan, de se balader un peu et de passer un bon moment tous les quatre ?

Jeff sautait sur place en s'agrippant à la main de son oncle.

– Oh oui, oui, allons-y !

C'était super de retourner dans Manhattan. J'ai été saisi d'un sentiment étrange, tandis que nous roulions dans ces rues qui m'étaient familières. Je n'ai pas beaucoup parlé. Cela n'était pas nécessaire. Jeff et oncle Max s'en chargeaient. M. Murdoch discutait également avec son frère ; alors moi, je me suis contenté de regarder à travers la vitre pour tout photographier dans ma mémoire. C'était un bel après-midi de printemps et j'étais installé dans une voiture confortable, avec un autre petit garçon, un père et un oncle. C'était inespéré. Ma vie durant, j'avais été entouré de femmes : maman ou ma tante Dorothée. Comme quoi on ne sait jamais ce que l'avenir vous réserve.

M. Murdoch s'était tourné vers moi en attendant que le feu passe au vert :

– Qu'en penses-tu, Danny ? Tu es d'accord pour aller visiter le quartier chinois ?

– Oh oui, d'ac ! J'y suis déjà allé une fois quand j'étais petit.

– Comme c'est bizarre, moi aussi j'y suis déjà allé ! s'écria oncle Max.

Jeff ajouta :

– Moi aussi. L'année dernière, hein, papa ?

Nous nous sommes mis à rire. Nous avons garé la voiture dans une petite rue étroite, et nous nous sommes promenés en faisant du lèche-vitrines. Tous les dix mètres ou presque, oncle Max disait :

– Hé ! Entrons ici !

Et nous pénétrions dans la boutique, regardions autour de nous, tandis qu'il montrait du doigt différents objets.

– Qu'en penses-tu Jeff, cela te plaît ?

Ou bien :

– Danny ! Comment trouves-tu cela ?

Il s'est mis à acheter des tas de souvenirs : des épées en plastique, des timbales sur lesquelles il y avait des dessins chinois, des boîtes de letchis et même un éventail pour tante Dorothée. Nous sommes passés devant de nombreux restaurants, et finalement nous sommes entrés dans l'un d'eux. Il fallait descendre un escalier très raide pour parvenir à la salle à manger. J'ai d'abord cru que ce serait une espèce de cave, mais en fait, c'était une grande pièce où il y avait beaucoup de bruit et de gens. Nous nous sommes installés dans un coin, sur des sièges en cuir. Une très belle lampe rouge et or pendait au-dessus de nos têtes. Nous avons commandé différents plats chinois. M. Murdoch nous a appris à manger avec des baguettes, et après le repas, le serveur nous en a apporté une paire de neuves à chacun, comme cadeau. La seule chose que j'avais déjà mangée auparavant était la glace du dessert. Nous nous sommes bien amusés en lisant les petits mots surprises dans les gâteaux chinois. Le mien disait : « Votre journée sera remplie d'événements inattendus. »

C'est ce jour-là que j'ai commencé à croire

aux messages des gâteaux chinois. Ma journée avait effectivement été remplie de merveilleuses surprises. Mais aucune n'égalait celle que j'ai eue en rentrant à la maison.

– Où diable étais-tu passé ? s'écria tante Dorothée.

À peine eus-je ouvert la porte de l'appartement qu'elle la tira d'un coup sec, tandis que je lui tombais dans les bras. Elle avait mauvaise mine ; elle était toute blanche, comme les fantômes dans les histoires d'épouvante.

– J'étais dehors avec des copains, lui ai-je dit. Que se passe-t-il ?

J'ai croisé mes doigts derrière mon dos, en priant que rien ne soit arrivé. Il faut que je vous explique : je n'avais jamais rien raconté à tante Dorothée de mes petites aventures au zoo, parce qu'elle était déjà partie travailler lorsque je m'en allais, et je rentrais toujours avant elle le soir, alors, jusque-là, il n'y avait pas eu de problème. Mais cette fois-ci, j'étais resté avec les Murdoch assez tard et elle était revenue plus tôt que d'habitude. Elle était inquiète de ne pas me voir rentrer à l'heure du dîner.

– Il n'y a aucun problème, a-t-elle répliqué, à part que je suis rentrée à cinq heures, qu'il est neuf heures à présent et que, ne te voyant pas revenir, j'ai pensé qu'il t'était arrivé un accident ou je ne sais quoi. J'ai fait le tour de tous tes amis et j'ai questionné les voisins.

– Tu ne vas pas me croire, mais je suis allé à l'aéroport Kennedy, et puis dans le quartier chinois. Tiens – je lui ai tendu l'éventail – c'est un cadeau pour toi.

Ma main tremblait un peu. Je ne pouvais m'en empêcher. Je n'avais jamais vu tante Dorothée dans un tel état.

Sa main tremblait encore plus que la mienne. La situation était assez cocasse : nous nous faisions face et nos mains tremblaient, tendues l'une vers l'autre. Elle a fini par ouvrir l'éventail. Il était en bois orné d'un très joli paysage chinois peint, avec des gens habillés de costumes orientaux. Le bord était finement dentelé.

– Oh, Danny ! Il est magnifique ! Merci. Mais comment diable...

Son visage, qui s'était momentanément adouci, a repris sa dureté, et elle a désigné une chaise.

– Assieds-toi à présent, et raconte-moi tout !

Alors, je lui ai tout raconté. Enfin, presque. Je n'ai pas osé parler de certaines choses.

Je lui ai dit que j'étais allé au zoo cet après-midi, et que j'avais rencontré un petit garçon très gentil et son père, que j'avais sympathisé avec eux. Et puis, comme ils devaient aller chercher l'oncle du garçon à l'aéroport, ils m'avaient proposé de venir avec eux. Ensuite, ils avaient emmené l'oncle visiter le quartier chinois. C'était vrai, même si cela ne s'était pas passé exactement en une seule journée. Pendant à peu près deux secondes, je me suis demandé si j'allais lui avouer le fonctionnement de mon M. O. Dans le fond, ce genre de situation risquait de se reproduire, et peut-être qu'un jour elle appellerait la police pour de bon. Ma tante Dorothée est assez tolérante, elle m'aurait sans doute compris et ne m'aurait probablement pas obligé d'arrêter. Mais elle a également sa fierté. Elle dit toujours qu'elle n'accepte rien de personne. Alors, j'ai décidé qu'il valait mieux garder le silence. Après tout, c'était le plus beau M. O. que j'avais inventé de ma vie entière.

– Je n'ai pas réalisé qu'il était si tard, tante Dorothée. Tu ne rentres pas très tôt, en général, alors j'ai pensé que cela n'avait pas d'importance.

Tout d'un coup, elle s'est approchée de moi, m'a entouré de ses bras et m'a serré si fort que je ne pouvais plus respirer.

– C'est vrai, mais Danny, si quoi que ce soit t'arrivait, je ne pourrais jamais me le pardonner.

– Ne t'en fais pas, il ne m'arrive jamais rien. Je veux dire jamais rien de mal.

Elle a souri et son visage s'est illuminé, comme chaque fois qu'elle est contente.

– J'ai entière confiance en toi, Danny. Je suis certaine que tu réussiras mieux que nous tous dans la famille.

Cela m'a fait plaisir, mais il fallait que j'y réfléchisse plus longuement. J'ai demandé :

– Tu allais vraiment appeler la police ?

Elle a acquiescé d'un léger mouvement de tête.

– J'étais complètement affolée. Je ne savais plus à quel saint me vouer.

– Ouais, ça aurait été bizarre de rentrer à la maison et de trouver des policiers en train de fureter dans les coins !

– Ils t'auraient interpellé : « Dis donc, gamin, tu n'as pas vu par hasard un garçon de ton âge, qui a les cheveux châtains et de grands yeux noisette ? Il porte un jean, des baskets et une chemise verte comme toi. »

Nous nous sommes mis à rire comme des fous : tante Dorothée a pris son éventail et a commencé à s'éventer très vite, d'avant en arrière, en faisant de petits mouvements rapides et saccadés, à la manière des dames nobles dans les films de cape et d'épée. Nous avons tellement ri que nous n'arrivions pas à reprendre notre souffle.

GENDA
dimanche
amedi

4

Heureusement que je m'étais acheté mon agenda. Mes week-ends devenaient si compliqués que je n'aurais jamais été capable de me souvenir de tout si je n'avais pas pris de notes. Même en marquant chaque rendez-vous, ce n'était pas facile.

Vous comprenez, je m'étais dit que lorsque mon M. O. serait au point, je n'aurais plus qu'à sortir le week-end avec mes familles attitrées. Et les événements se sont effectivement déroulés de cette manière, enfin plus ou moins. Pendant un certain temps, c'était plutôt moins que plus : il fallait que je retourne souvent au zoo pour combler les trous.

Cela ne me gênait pas, loin de là. Je dois avouer que j'aimais bien relever le défi, voir si mon stratagème marchait encore. Je me disais même que si tous les week-ends s'étaient suivis et ressemblé, avec M. Murdoch, le docteur Remler et Tony, je me serais rapidement lassé. Mais il n'y avait aucun danger que cela se produise. Souvent un rendez-vous était annulé, et je prenais le chemin du zoo à la recherche d'une nouvelle famille.

La semaine suivante fut l'une des plus mouvementées depuis le début. J'ai commencé par recevoir deux coups de téléphone de papas du zoo. Le jeudi, M. Murdoch a appelé pour dire que Jeff avait la varicelle et qu'en conséquence, nous ne pourrions pas nous voir le dimanche suivant comme prévu. Du coup, j'ai barré leur nom dans mon agenda. Je me suis assis et j'ai étudié mon emploi du temps pour le samedi. J'avais inscrit « Tony et Brad » avec un gros point d'interrogation à côté. J'étais persuadé qu'ils ne me téléphoneraient pas. Je me sentais un peu abandonné. Tony et Brad étaient tellement amusants. Ils étaient vraiment différents des autres, et j'aurais volontiers échangé une journée avec le docteur Remler et Bobby contre un moment en leur compagnie. C'est à l'instant précis où je pensais à tout cela que j'ai reçu mon deuxième coup de téléphone de la semaine. C'était Tony !

– Alors, mon vieux Danny ! Tu es prêt pour notre super rendez-vous de demain ?

J'aurais reconnu sa voix entre mille ! J'ai quasiment hurlé :

– Monsieur Hall, je veux dire Tony ! Ouais, je croyais que vous m'aviez oublié !

– Moi ? T'oublier, toi. Est-ce que la chatte oublie ses chatons ?

– Non, mais...

– Est-ce que l'avare oublie ses pièces d'or ?

J'essayais de me retenir de rire.

– Sûrement pas.

– Est-ce que le ramoneur oublie sa ceinture de sécurité ?

– Qu'est-ce que c'est qu'un ramoneur ? ai-je demandé.

– Aïe, idiot, tu gâches mes meilleures plaisanteries ! Il va falloir que Brad s'occupe de ton cas.

Je riais de bon cœur à présent. Je n'arrivais pas à décider si c'était à cause des blagues de Tony ou si c'était surtout parce que j'étais fou de joie qu'il me téléphone.

– Écoute, mon vieux. J'allais te dire que nous annulions notre rendez-vous, que ce n'était plus la peine de nous voir parce que tu n'avais plus rien à apprendre de nous. Mais visiblement, ce n'est pas le cas. Non, vraiment pas. Tu es prêt à venir t'entraîner avec nous ?

Je riais toujours.

– Oui, bien sûr. Si vous pensez qu'il y a un espoir d'amélioration.

– On te donne une seconde chance. Vérifie ton emploi du temps et regarde si tu peux te libérer un moment.

– Attendez un instant. Oui, je crois que cela peut s'arranger. Je vais purement et simplement annuler mon rendez-vous avec le président.

Il éclata de rire à l'autre bout du fil, et il faut que je vous avoue que cela m'a fait tellement plaisir que j'en avais des picotements le long du dos.

– Hé, hé ! Pas mal du tout, mon vieux Danny ! Encore quelques expéditions avec nous et tu seras un vrai champion. Bon, alors nous viendrons te chercher à une heure et demie. Ça marche ?

– Une heure et demie de l'après-midi ?

– Non, du matin, et nous irons voir un film interdit aux moins de dix-huit ans. Bien sûr de l'après-midi, bêta ! Alors, ça te convient ?

Je me sentais vraiment bêta.

– Oh oui, bien sûr ! C'est formidable. Je vous attendrai en bas, sur le trottoir.

– Non, plutôt au milieu de la rue, mais attention aux voitures, d'accord ?

J'étais appuyé contre une vieille Coccinelle Volkswagen, quand je vis la voiture de Tony zébrer la rue de ses reflets rouges et s'arrêter dans un hurlement de freins. À l'intérieur, il y avait deux grands chapeaux de cow-boys.

– Salut !

Brad a ouvert la portière, tandis que son immense chapeau montait et descendait sur le sommet de son crâne.

Je me suis casé tant bien que mal sur le siège avant. Brad prenait presque toute la place, mais je me suis tortillé et glissé sur le bout de banquette qu'il me laissait.

Tony était appuyé sur son volant et me souriait sous le large rebord de son chapeau de cow-boy.

– Comment vas-tu collègue ? Brad, mon grand, fouille donc derrière, et donne à Danny le sien.

Brad se retourna, allongea le bras, puis me

tendit un chapeau qui était la réplique du leur.

– C'est un petit cadeau qui vient droit du Texas, collègue, expliqua Tony.

– Ouah ! Merci, Tony !

J'ai longuement contemplé mon nouveau chapeau en le tournant dans tous les sens. Il était beige pâle, très doux et rembourré. Dire que Tony s'était souvenu de moi alors qu'il était à des milliers de kilomètres, au fin fond du Texas ! Il emballa le moteur.

– Mets-le ! beugla Tony. Les Texans ne sont pas des rigolos. Là-bas, un homme est un homme.

– Ouais, acquiesça Brad.

En une seconde, nous avions tourné sur l'avenue dans un crissement de pneus et un hurlement de freins. Un peu plus tard, nous nous sommes retrouvés sur les quais au bord de la mer, dans le quartier que l'on appelle le vieux port, car c'est là que les bateaux accostaient avant que ne soit construit le nouveau port plus moderne. Les quais ont été restaurés, ils ressemblent exactement à ce qu'ils étaient au siècle dernier, avec de vieux bateaux d'autrefois, quelques musées et de drôles de petites boutiques. Je n'aurais jamais pensé que ce soit aussi amusant de visiter un endroit de ce genre. Nous sommes montés sur le pont de tous les différents navires qui étaient ancrés là.

À un moment, alors que j'étais debout, appuyé contre un cordage, mon chapeau a glissé.

J'ai essayé de le retenir, mais il s'est envolé et s'est posé juste dans les bras d'un des guides. Tony était à ses côtés, il a mis les mains sur les hanches et secoué la tête comme s'il était complètement écœuré, en disant :

– Ce gamin est prêt à tout pour se faire remarquer. Voyons, Danny, je t'ai dit que tu pourrais répéter ton numéro de cirque, mais demain seulement. Aujourd'hui, nous visitons le vieux port, tu te souviens ?

Brad était plié de rire et un groupe de gens s'était arrêté pour nous regarder.

J'ai simplement claqué des doigts le plus fort possible, en esquissant un mouvement circulaire et j'ai dit :

– Ah oui, c'est vrai, j'avais oublié !

Le guide m'a dévisagé, puis il s'est tourné vers Tony. Incrédule, il m'a rendu mon chapeau et s'est éloigné. Tony m'a pris dans ses bras, puis il a attiré Brad, et il nous a serrés contre lui tandis que nous riions de bon cœur.

Ensuite, nous avons écouté le guide raconter des histoires sur la vie des marins à cette époque ; à quel point il était dur de survivre sur de pareils bateaux, de résister à des tempêtes très violentes du côté du cap Horn. Il m'a semblé soudain que je pouvais m'imaginer le genre d'existence que ces hommes menaient sur les navires. J'ai fermé les yeux, respiré l'odeur de la mer en écoutant la drôle de musique de l'océan, et j'ai repensé aux récits du guide sur la vie palpitante des marins. Pendant quelques minutes, j'ai presque eu l'impression d'être retourné deux ou trois siècles en arrière.

Après, nous sommes montés sur un bateau qui servait de phare flottant et sur lequel les équipes de gardes-côtes se relayaient chaque semaine. Le moteur était énorme et toutes les lumières fonctionnaient encore aussi bien qu'avant. J'ai trouvé par hasard la corne de brouillard, et sans réfléchir j'ai tiré sur la poignée. Tony a littéralement sauté en l'air ainsi que la plupart des gens présents. Brad, lui, a couru vers moi et a tiré à son tour sur la poignée. Bientôt, un essaim d'enfants était groupé autour de la corne, ils suppliaient d'avoir le droit de tirer la poignée eux aussi.

Je crois que les guides ont été soulagés de nous voir partir, bien qu'ils soient toujours restés souriants et polis. Tony marchait au milieu, une main posée sur mon épaule, l'autre sur celle de Brad. Nous devions former un drôle de trio. Et puis je me suis souvenu des chapeaux de cow-boys que nous portions sur la tête : rien d'étonnant à ce que les gens nous regardent, vu la dégaine que nous avions. Je parie qu'ils étaient vraiment jaloux.

– Bon les gars, dit Tony. À présent, vous allez vivre ce qu'on appelle une expérience unique, une expérience qui sera un véritable sommet dans votre vie !

Il était appuyé contre sa voiture, les bras croisés sur la poitrine. Son immense chapeau penchait dangereusement sur le côté, et lui cachait à moitié les yeux. Il avait un petit sourire rusé sur les lèvres, et je me suis douté qu'il allait encore nous faire une bonne blague. Il nous a dévisagés à tour de rôle, Brad et moi. J'ai essayé de réfléchir pour trouver la réponse, et tout d'un coup j'ai compris.

– Un sommet ! Évidemment, je sais. On va escalader une montagne !

En le voyant rejeter sa tête en arrière et éclater d'un rire sonore, j'ai reculé un peu et j'ai enfoncé mes mains dans mes poches. J'aimais bien faire rire Tony d'habitude, mais cette fois-ci, cela me déplaisait plutôt. Je me doutais que j'avais répondu à côté de la plaque, alors que j'aurais tellement voulu trouver la bonne réponse.

– Elle est bien bonne, Danny ! Tu connais beaucoup de montagnes à New York, toi ?

J'ai senti que je rougissais, tandis que Brad suggérait :

– Connaissant Tony, une expérience unique ne peut concerner qu'une chose : manger.

Tony tourna la tête d'un côté, puis de l'autre, en essayant de lutter contre une crise de rire qu'il étouffait à grand-peine.

– Écoutez, dit-il, vous avez tous les deux raison ! Vous êtes deux génies ! Une drôle de paire !

Mes joues étaient de plus en plus rouges et j'avais de plus en plus chaud.

– Mais... euh... où...

– Je vous emmène dîner en haut de l'une

des tours du *World Trade Center*, cent sept étages au-dessus de la rue. Si ce n'est pas de l'alpinisme avec un bon repas à la clé, je suis prêt à manger mon chapeau, ton chapeau, et ton chapeau !

– Tu n'as pas intérêt, avertit Brad en imitant parfaitement le style de son père. Tu aurais une telle indigestion qu'on ne pourrait pas faire notre expérience au sommet.

Eh bien, laissez-moi vous dire : c'était vraiment le sommet ! Je ne connaissais pas grand-chose du *World Trade Center*, sauf que c'était les deux plus hauts gratte-ciel de New York. Qu'il y avait cent dix étages et un restaurant panoramique au cent septième étage.

C'est assez incroyable comme truc. En sortant de l'ascenseur ultra-rapide, vous vous retrouvez dans un couloir gigantesque dont les murs sont tapissés de miroirs. Il y a une moquette violette épaisse d'au moins cinquante centimètres et de grands pots avec de vraies fleurs : je les ai touchées pour vérifier. Et puis, un maître d'hôtel vous place à une table, et là, vous pouvez profiter de l'attraction principale : la vue.

Le restaurant a des fenêtres en guise de murs, du plafond presque jusqu'au plancher ! Brad et moi sommes restés bouche bée. Là, juste en dehors de l'autre côté de la vitre, il y avait des nuages. Oui, des nuages ! Nous n'arrivions pas à y croire.

– C'est encore mieux que l'avion ! s'écria

Brad. Car ici, en plus, on voit aussi les choses à terre.

– Si les fenêtres n'avaient pas de vitres, je parie qu'on pourrait toucher les nuages en tendant la main, ai-je dit.

Tony nous souriait sans parler. Il ne s'est pas donné la peine de trouver une blague, cette fois-ci.

C'était un jour vraiment clair et dégagé, malgré quelques nuages, et bien qu'il soit déjà cinq heures, le soleil brillait toujours et illuminait la ville entière. Brad et moi ne savions pas où donner de la tête. Nous n'arrêtions pas de dire des choses dans le genre : « Regarde la statue de la Liberté ! Hé, tu ne trouves pas qu'elle ressemble à un de ces jouets miniatures en plastique que vendent les marchands de souvenirs ? Et là-bas, le pont de Brooklyn ! » Tony nous montrait des tonnes de choses différentes.

– Vous voyez l'avion qui décolle de ce côté. C'est l'aéroport Kennedy. Et au bout, là, cette pointe ? C'est le cap de la Tête de Mouton. On l'appelle ainsi car l'avancée de terre ressemble à un mouton à cet endroit-là.

L'eau de la mer était d'un bleu profond magnifique, comme sur un tableau. Même les rues étaient fantastiques. Les immeubles (de vrais gratte-ciel géants vus d'en bas) paraissaient à peine de la taille des pièces d'un jeu de Lego. Les voitures et les taxis jaune vif étaient des objets minuscules, ressemblant aux modèles miniatures dont on se sert pour réaliser des maquettes. Les autos semblaient toutes avancer comme des escargots, mais je savais qu'en réalité elles devaient aller aussi vite que d'habitude. Il y avait probablement beaucoup de monde sur les trottoirs. Il y a toujours du monde dans les rues de New York, surtout le samedi après-midi lorsqu'il fait beau, mais les silhouettes des passants n'étaient pas plus grosses que des fourmis.

C'est au moment précis où le serveur est arrivé avec notre plateau que nous avons aperçu l'hélicoptère. Il volait en dessous de nous ! Brad et moi avons failli renverser les plats : en un bond nous étions à la fenêtre. Nous avons collé notre nez contre la vitre jusqu'à ce que Tony nous ait convaincus que nous verrions tout aussi bien une fois assis. C'était vrai, mais nous étions tellement excités que nous ne pensions pas à ces détails ! Pour dire la vérité, je n'ai pas fait très attention à ce que les serveurs apportaient dans ces plats luxueux. Tony avait choisi pour nous trois, parce que nous ne comprenions pas un traître mot du menu qui était presque entièrement en français. Et nous nous serions autant amusés si on nous avait servi une simple pizza.

Peut-être à cause du repas copieux, ou peut-être à cause de cette journée exceptionnelle, le voyage de retour a été très calme. C'était assez inattendu de la part d'une équipe comme Tony et Brad, mais j'étais content d'être assis dans la voiture sans parler, de ne pas avoir à trouver de nouvelles plaisanteries ; en plus, j'étais un peu fatigué. Au bout d'un moment, Tony nous a demandé pourquoi nous étions si tranquilles, si quelque chose n'allait pas, et Brad a affirmé à plusieurs reprises que tout était parfait. Moi, je n'ai même pas répondu. J'avais le sentiment que la question ne m'était pas vraiment adressée. Et puis, Tony a voulu savoir si nous avions passé une bonne journée, et Brad a dit que bien sûr, cela avait été formidable, mais qu'il n'aimait pas avoir des rendez-vous, certains jours fixes pour passer un moment agréable avec son père. Cela m'a fait de la peine pour tous les deux. Je plaignais Brad parce que, dans un sens, sa situation était pire que la mienne. J'avais des tas de familles qui s'occupaient de moi le samedi et le dimanche, tandis que lui n'avait que son père une fois par semaine, et sa mère, évidemment, mais jamais ensemble. Moi en plus, j'avais tante Dorothée qui m'aimait beaucoup, et maman m'écrivait très souvent pour me donner de ses nouvelles ; elle me parlait de la Californie, des gens intéressants qu'elle rencontrait, elle me disait à quel point je lui manquais, combien elle m'aimait et tout le reste. Et si l'un de mes papas du zoo annulait un rendez-vous, j'avais toujours la ressource d'en trouver un autre. Tandis que lorsque Tony ou un autre père devait s'absenter pour un voyage d'affaires ou une raison quelconque, Brad et les autres enfants rataient un week-end sans possibilité de rechange.

Tony essaya de prendre le ton le plus gai possible lorsque nous nous sommes dit au revoir, et Brad me rappela que l'on avait rendez-vous la semaine suivante. Mais Tony n'avait rien mentionné de tel, alors je me suis contenté de sourire et j'ai agité mon nouveau chapeau dans leur direction, avant de rentrer en courant dans mon immeuble.

J'étais content d'arriver à la maison avant tante Dorothée, parce que, dans le cas contraire, j'aurais dû répondre à ses questions. J'ai retiré mon chapeau de cow-boy et je me suis dépêché de le faire disparaître au fond de mon armoire. Si un jour je le ressortais, tante Dorothée croirait que je le possédais depuis longtemps. C'est à ce moment précis que le téléphone a sonné.

– Danny !

La voix, à l'autre bout du fil, semblait distante d'un million de kilomètres, mais je savais qu'elle provenait seulement de l'autre côté du pays.

– Maman ! Dis, c'est toi ?

Un petit rire argentin me répondit, c'était bien elle !

– Oui. Comment vas-tu mon poussin ?

– Bien, maman. Mais toi, quelque chose ne va pas ?

– Oh non, non ! Tout se passe à merveille. J'avais juste envie d'entendre ta voix. Comment va mon garçon préféré ?

– Bien maman, très bien. Alors, on t'a offert des rôles au cinéma ?

Elle rit à nouveau, tandis qu'une chaleur douce m'envahissait.

– Non, pas encore, mais cela ne saurait tarder, Danny. Il faut que tu aies confiance ; moi, j'y crois !

– Oh, j'y crois moi aussi. J'espère seulement que ce n'est pas trop dur pour toi.

– Non, tout se passe à merveille. C'est magnifique ici, très différent de New York. Je rencontre beaucoup de gens passionnants. Cela va marcher, Danny. Il ne faut pas que tu t'inquiètes, mon chéri. Raconte-moi, comment te débrouilles-tu ? Tu t'amuses bien dans ce nouveau quartier ?

– Oh oui, oui. C'est un endroit très chouette. J'ai découvert des tas de choses formidables.

– Tu as de gentils amis ?

– Oui, plein.

– C'est bien, Danny. Cela me rassure. Et à l'école ?

– Ça marche bien, vraiment bien, maman.

– Est-ce que je peux parler à tante Dorothée ? Comment va-t-elle ?

– Ça va bien. Elle n'est pas encore rentrée de son travail. Mais elle ne devrait plus tarder.

– Tans pis. Dis-lui que je suis désolée de l'avoir ratée, que je lui envoie toute mon affection. Occupez-vous bien l'un de l'autre. Vous viendrez me rejoindre tous les deux dès que ma situation s'améliorera.

– D'accord, maman.

Cinq minutes après, tante Dorothée est arrivée. Je lui ai raconté le coup de téléphone pendant qu'elle préparait son dîner. Elle a cru que j'avais mangé des restes avant son retour et je ne l'ai pas détrompée. Je n'allais pas lui raconter ce que j'avais réellement mangé ! Cela n'aurait pas été très gentil, alors qu'elle ne disposait dans son assiette qu'un bout de fromage, quelques tomates et un œuf dur. Elle m'a lancé un drôle de regard quand je lui ai dit que maman m'avait affirmé qu'il fallait y croire, qu'elle trouverait sous peu une occasion exceptionnelle, et qu'ensuite nous pourrions la rejoindre. Tante Dorothée s'est contentée de soupirer et de hausser les épaules.

Enfin, avais-je pensé plus tard, cela n'avait pas d'importance. Si maman ne trouvait pas de travail là-bas, elle pourrait toujours revenir ici et chercher un emploi à New York. Peut-être aimerait-elle mieux la ville après en être partie pendant un certain temps. À son retour, je pourrais lui faire visiter tous les endroits que je connaissais maintenant. En particulier le zoo. Imaginez un peu, je pourrais vraiment lui servir de guide pour un super tour de tous les animaux ! Et si nous rencontrions un enfant seul qui semblait sympathique, nous pourrions l'inviter à passer la journée avec nous. Je m'endormis de très bonne humeur, ce soir-là.

5

Ce qu'il y avait d'extraordinaire avec le zoo, c'était que, chaque fois que j'y allais, je découvrais un nouvel endroit qui m'enthousiasmait et qui devenait mon coin préféré… jusqu'à la fois suivante où je trouvais encore mieux. On aurait dit qu'il avait des ressources infinies et toujours plus formidables. Cela se passait d'ailleurs pareil avec mes papas du zoo et mes petits frères du week-end. Tout allait de mieux en mieux. Le jour suivant, par exemple.

Voilà, c'était le dimanche après le coup de téléphone de maman. Jeff et M. Murdoch s'étaient décommandés parce que Jeff avait attrapé la varicelle, et du coup, je m'étais rendu au zoo pour trouver une famille de rechange. Ce matin-là, j'ai rencontré les Rivera.

J'étais retourné sur l'esplanade en face des jeunes gorilles, c'est là que j'ai remarqué le petit garçon. J'ai pensé qu'il devait avoir huit ou neuf ans. Il était tout seul, mais ça m'était égal.

– Hé, tu vois un peu ce singe ! Tu sais ce qu'il va faire avec les feuilles et les brindilles ? Je parie que tu ne devineras jamais !

Je n'avais pas pu me retenir, je vous le promets. Le garçon était planté devant le grillage, bouche bée, comme Brad et moi la veille quand l'hélicoptère était passé devant le restaurant. Il paraissait complètement fasciné.

– Quoi ?

Il m'a lancé un rapide coup d'œil et s'est dépêché de regarder à nouveau les gorilles de peur de rater quelque chose.

– Je te parie qu'il va les prendre et les frotter sur sa tête et son visage. Il n'arrête pas d'inventer des trucs incroyables.

Et bien sûr, l'instant suivant, mon vieux copain le singe faisait exactement ce que j'avais prédit, tandis que mon nouveau copain me dévisageait, les yeux écarquillés d'étonnement. C'était un gamin très mignon, avec des cheveux noirs et de grands yeux foncés.

– Comment tu le savais ? s'est-il écrié.

Je me suis contenté de sourire en lui racontant mon boniment habituel. Je me disais qu'après tout c'était un bon entraînement, bien qu'il soit seul. Il n'y avait en effet aucun homme ressemblant à son père dans les parages. Il avait sans doute une famille pas loin, avec des tas d'autres petits enfants. Mais cela m'était égal. Il fallait que je m'exerce pour rester en forme. Et qui plus est, ce garçon m'était sympathique et j'avais envie de lui parler. Je me disais que j'aimerais bien que nous devenions amis ; je me demandais s'il avait un père et à quoi il ressemblait quand, à cet instant précis, un homme s'est avancé :

– Carlos, nous te cherchions !

Il m'a souri, un grand sourire qui illumina

son visage bronzé. Il avait les cheveux noirs et les mêmes immenses yeux noirs que son fils. Une petite moustache aussi.

Alors que j'étais en train de me féliciter de cette rencontre fantastique, deux minuscules fillettes sont arrivées en criant :

– Carlos, où étais-tu ? On t'a cherché partout !

J'ai soupiré et haussé les épaules, il ne manquait plus que la mère, maintenant !

– Tu attends quelqu'un ? m'a demandé Carlos.

– Qui, moi ? Oh non ! Je suis venu tout seul.

– C'est vrai ? On te laisse venir tout seul ?

– J'ai onze ans, ai-je déclaré en me redressant le plus que je pouvais. Je viens toujours tout seul. Je connais le zoo de fond en comble.

– Vraiment ? a questionné le père en se joignant à la conversation. Peut-être voudras-tu nous servir de guide, dans ce cas-là ?

– C'est la première fois que vous venez au zoo ? ai-je demandé.

– Oh non, nous venons souvent, n'est-ce pas, les enfants ?

– Oui, dit Carlos en lançant un regard noir en direction de ses sœurs. Mais à chaque fois, il faut leur passer leurs caprices. Moi, j'ai envie de visiter des endroits différents, mais avec elles, il faut retourner systématiquement faire la promenade à dos de chameau, visiter le parc des bébés animaux ou ce genre de truc de fille !

L'homme semblait réfléchir, l'air sérieux et

concentré. Il caressait son menton d'une main en essayant de trouver une solution satisfaisante. Les deux fillettes recommencèrent à piailler.

– On peut faire un tour d'éléphant, aujourd'hui ?

– Tu vois !

Le visage de Carlos était si tendu que j'ai pensé qu'il allait se mettre à pleurer d'une seconde à l'autre.

– Écoutez, ai-je suggéré à son père. Si vous voulez, on peut se balader Carlos et moi pendant que vous emmenez les filles voir les éléphants ? On pourrait aller à « la Maison des reptiles », juste de l'autre côté. Tu aimes les serpents et les lézards, Carlos ? Ou bien au « Monde des Ténèbres », si tu préfères.

– Oh oui, oui, dis papa, tu veux bien ? J'ai très envie de voir les serpents. J'adore les serpents !

Son père nous a dévisagés l'un après l'autre.

– Pourquoi pas ? C'est une bonne idée. Tu es sûr que cela ne t'embête pas ? Au fait, comment t'appelles-tu, mon grand ?

Nous nous sommes présentés mutuellement. Ils composaient une partie de la famille Rivera ; les fillettes se nommaient Elena et Olga, et leur mère était restée à la maison avec deux bébés.

Je n'ai pu retenir un petit sifflement. Quelle famille !

M. Rivera se rengorgea et rit, un peu à la façon de Tony, mais à part ce détail, ils étaient aussi différents que le jour et la nuit.

– Tu l'as dit, répondit-il. C'est la raison pour laquelle nous sommes ici.

J'appris que Carlos avait dix ans, mais il était petit pour son âge, comme moi. M. Rivera parla avec nous un moment, le temps que nous nous mettions d'accord pour nous retrouver au même endroit dans une heure. Carlos avait une montre. J'aimais bien la façon dont M. Rivera nous traitait : comme deux grands garçons responsables. Les filles étaient de vraies pestes, elles voulaient partir sur-le-champ. M. Rivera nous fit un clin d'œil, tandis qu'il s'éloignait en tenant par la main Elena et Olga qui bavardaient comme des pies.

Je ne sais pas qui de nous deux préféra la « Maison des reptiles ». Nous courions partout comme des fous, regardant les anacondas, les pythons et aussi de drôles de petits serpents, nés le matin même, qui se trouvaient dans la nursery. Il y avait un bébé cobra et des tortues naines. Mais le meilleur moment fut celui de l'orage. C'était un faux orage bien sûr, mais on aurait dit que le tonnerre, les éclairs et la pluie battante étaient vrais ; les crocodiles, les serpents et les autres animaux se déplaçaient à toute vitesse, complètement saisis de panique. Carlos et moi, nous nous poussions sans arrêt du coude.

– Regarde un peu celui-ci, et celui-là.

J'avais l'impression d'être avec un vrai copain et non avec un de ces petits frères dont j'héritais avec les papas du zoo. C'est sûrement pour ça que ce fut une si bonne journée. Et puis, quand nous avons rejoint M. Rivera et les deux sœurs, ils m'ont invité à venir manger chez eux.

M. Rivera avait une camionnette, l'une des plus chouettes que j'aie jamais vues. L'intérieur était tapissé de bouts de moquettes multicolores. Carlos m'expliqua que son père était un spécialiste de la pose de tapis. Il installait des tapis muraux et des moquettes chez les gens. Je ne m'imaginais pas auparavant que ce genre de métier puisse exister, mais je me suis dit que c'était sûrement un bon métier, car la camionnette était vraiment formidable, et leur appartement pas mal non plus : très grand avec beaucoup de meubles et une énorme télé. Il y avait trois chambres à coucher ; Carlos partageait la sienne avec son petit frère. Le plus incroyable, c'est qu'ils habitaient à cinq cents mètres de chez tante Dorothée. Et Carlos allait à la même école que moi !

La mère de Carlos était très gentille, elle aussi. Au milieu de ces discussions incessantes, je me suis senti rapidement membre à part entière de la famille, et c'est ainsi qu'ils m'ont toujours traité depuis. Je leur ai parlé de tante Dorothée, et ils m'ont proposé d'aller la chercher pour qu'elle mange avec nous ; mais il était trop tôt, elle travaillait encore à cette heure-là. Même les bébés, un petit garçon et une petite fille, étaient mignons. Nous sommes allés dans la chambre de Carlos en attendant que le dîner soit prêt, et nous avons joué avec ses modèles réduits. Ensuite, nous avons mangé. Il y avait du poulet, du riz et des haricots. C'était très bon et assez épicé. J'en ai repris deux fois. Après le repas, Carlos et son père m'ont raccompagné jusque chez moi.

Ils sont montés et ont fait la connaissance de tante Dorothée qui venait juste de rentrer. M. Rivera l'a invitée à dîner chez eux avec moi la prochaine fois, elle l'a remercié en souriant et a discuté avec lui pendant que je montrais ma chambre à Carlos. Quand ils ont été partis, tante Dorothée m'a dit :

– Ils sont vraiment très gentils, Danny. Tu sembles te faire des amis très facilement. Cela tient de famille. Nous sommes tous très sociables.

J'étais ravi qu'elle soit de si bonne humeur et qu'elle apprécie les Rivera. Je savais qu'elle s'entendrait bien aussi avec Mme Rivera. C'est la seule de mes familles du zoo qu'elle ait rencontrée avant la fin ; les Rivera étaient d'ailleurs ma seule vraie famille du zoo. Carlos et moi, nous sommes devenus de vrais amis, à dater de ce jour. Nous nous sommes revus souvent le soir, après l'école. Le week-end, j'étais en général trop occupé avec mon M. O., mais de temps en temps, nous passions un moment ensemble à la faveur d'une accalmie.

J'ai continué comme ça à voir les Murdoch,

les Remler, Tony et Brad et d'autres nouveaux papas du zoo ; ils étaient dans l'ensemble très différents les uns des autres. Apparemment du moins. Cependant, en y réfléchissant bien, je leur trouvais dans le fond d'étranges ressemblances. Au bout d'un certain temps, visites et repas dans toutes sortes de restaurants devinrent une habitude pour moi. J'avais presque oublié comment se déroulait ma vie avant d'avoir inventé mon M. O. Quand arriva l'été, chaque week-end ressemblait à de vraies vacances. J'ai foulé le sable de la plupart des plages dans la région de New York. J'ai découvert de nombreux clubs privés aussi, avec piscine et tout. Pendant la semaine, je passais le plus clair de mon temps avec Carlos et les copains de ma rue, j'effectuais également des livraisons à domicile, pour l'épicier, afin de gagner un peu d'argent de poche. Je voyais régulièrement tante Dorothée, car elle essayait de se libérer le plus possible pour profiter du beau temps. Quand elle avait un jour de congé, nous allions à la plage ou chez des amis à elle. Lorsqu'il fallut retourner à l'école, j'eus peur de ne plus pouvoir me concentrer sur un livre de classe. Vous comprenez, cet été-là avait été le meilleur de ma vie, bien que maman soit toujours en Californie. Elle m'écrivait régulièrement en me répétant que tout se passait au mieux, qu'elle ne tarderait plus à réussir. À chaque lettre, tante Dorothée et moi, nous riions en haussant les épaules, et nous nous disions : « Enfin, peut-être qu'elle reviendra cet automne. De toute façon, il fait vraiment trop chaud à New York, l'été. »

Et elle est effectivement revenue à l'automne, mais pas exactement dans les circonstances que nous avions prévues. Il faut avouer qu'il s'est passé beaucoup de choses, cet automne-là. Tout a commencé un de ces dimanches où je n'avais pas de rendez-vous. Ce jour-là, j'ai rencontré Gretchen Andersen.

Je n'avais absolument pas imaginé une telle rencontre. Cela m'est arrivé complètement par hasard. Un dimanche donc, aucun de mes habitués ne put se libérer ; il faisait trop beau pour ne pas profiter de la journée, alors je suis allé à l'endroit habituel, près de la cage aux singes. Il n'y avait personne, enfin je veux dire personne d'intéressant pour moi. Sauf une femme avec un petit garçon, mais je ne m'intéressais pas aux femmes, comme je l'ai expliqué. J'étais sur le point de me rendre dans mon second coin favori, le bassin aux otaries, quand j'entendis un cri perçant et familier me vriller l'oreille.

– Regarde, regarde, ils se battent !

C'était le gosse qui était en compagnie de la femme. Il avait des cheveux très blonds et une voix haut perchée. Je lui donnais sept ou huit ans au maximum.

– On dirait qu'ils vont se tuer !

La femme avait le même genre de cheveux, mais plus roux. Elle était mince et assez jolie.

– Tu ne crois pas qu'il faudrait prévenir quelqu'un ?

Elle regarda autour d'elle, l'air affolé, et bientôt ses yeux tombèrent sur moi. Ils étaient aussi bleus que le ciel ce jour-là.

– Ne vous inquiétez pas, l'ai-je rassurée. Ils jouent. Ils ne se font pas vraiment mal. Ils recommencent la même comédie chaque jour.

– C'est vrai ? Tu es sûr ?

Elle fronça un peu les sourcils et je me mis à rire.

– Oui, j'en suis sûr, absolument sûr. Regardez maintenant, ils vont faire la paix.

Et effectivement, les singes cessèrent leur combat et s'éloignèrent bras dessus, bras dessous, comme s'ils m'avaient entendu.

– Mais oui, tu as raison ! Comment as-tu deviné ?

Ça, c'était mon secret, ma magie bien à moi !

– Je viens souvent ici, ai-je répondu, je connais par cœur les animaux.

– Vraiment ? s'écria le petit garçon. Raconte-nous !

J'aurais dû partir à ce moment-là. Seuls les papas du zoo m'intéressaient. Il y avait assez de femmes comme ça dans ma vie.

– Oui, moi aussi j'aimerais savoir comment tu connais si bien ces singes, renchérit-elle.

Je ne pouvais pas être impoli, alors j'ai expliqué :

– Je me suis contenté de les regarder beaucoup et souvent. Je discute avec les gardiens aussi, et je lis les pancartes explicatives. Ici c'est le domaine des gorilles, et eux ce sont des bébés gorilles. C'est la raison pour laquelle ils adorent jouer et se battre, vous comprenez, comme de jeunes enfants.

Je me suis demandé pourquoi je continuais la conversation. Il fallait que je parte. Le père allait arriver d'une minute à l'autre, à moins qu'il ne les attende quelque part.

– Comment se fait-il que tu viennes si souvent ? me questionna le gamin.

– J'aime bien cet endroit. Il y a toujours des choses nouvelles à découvrir.

– Tu viens tout seul ?

– Oui, j'habite près d'ici.

– Ah bon.

Ça, c'était la mère qui parlait. Mais d'ailleurs, peut-être n'était-ce pas sa mère ?

– C'est la première fois que nous venons, Mike et moi. Tu te rends compte, nous avons toujours habité New York, et nous n'étions encore jamais venus au zoo. Pour nous, c'est assez loin, car nous vivons dans la 79e rue.

– C'est là où vous habitez ? Moi avant, j'habitais la 82e rue.

– Et maintenant ?

– Maintenant, je vis dans le Bronx. Vous comprenez…

Je ne sais pas pourquoi je me suis mis à leur raconter mon histoire : maman, ma tante Dorothée. J'ai déversé tout mon sac ! Ils ne m'avaient rien demandé et je ne les connaissais pas. Je n'avais même pas encore déjeuné avec eux. C'était à n'y rien comprendre !

Quand j'eus terminé, la femme me tendit la main en disant :

– Je viens de m'apercevoir que nous n'avons pas fait les présentations. Je m'appelle Gretchen Andersen, et voici mon fils, Mike.

Je lui ai serré la main. Elle avait une poigne chaude et franche.

– Moi, c'est Danny Turner. Je suis très content de vous avoir rencontrée, madame Andersen.

Mike m'a souri.

– Mon père et ma mère ont divorcé. Papa habite en Californie. Hé ! Peut-être qu'il connaît ta mère !

– Bon ! Eh bien, maintenant que nous sommes de vieux amis, que diriez-vous d'un bon déjeuner ? Je ne sais pas ce que vous en pensez, mais moi, je meurs de faim.

Un déclic se produisit dans ma tête. Vous savez, comme un tilt au flipper. Mon M. O. marchait à nouveau, d'une manière inattendue, mais il marchait quand même. J'avais trouvé une maman du zoo !

Mike bondissait comme un cabri. J'ai remarqué plus tard qu'il sautait ainsi chaque fois qu'il était excité. Il ne restait jamais en place.

Sa mère a souri en secouant la tête.

– Il est tellement indépendant ! Si nous ne nous dépêchons pas de le rattraper, il disparaîtra dans la jungle du zoo, et nous ne le reverrons plus jamais.

Elle m'a saisi par la main et entraîné dans une course effrénée sur les talons de Mike. Lorsque nous l'avons rejoint, nous nous sommes mis à pousser des cris sauvages. Les gens nous ont regardés, l'air étonné. Je ne m'étais jamais autant amusé depuis l'époque où maman et moi faisions tout ce qui nous passait par la tête dans le parc, en riant comme des fous.

Mike et moi, nous avons commandé un hot dog et un hamburger chacun, Mme Andersen trois hot dogs pour elle toute seule, et puis nous avons pris des frites et des glaces. Mike a seulement grignoté. Il est maigre, un vrai fil de fer, mais il a de l'énergie à revendre. Il s'entend très bien avec sa mère, ils rient d'un rien ensemble. Pas comme Tony et Brad, par exemple. Mme Andersen et Mike sont plus complices, ils semblent être... comment dire, heureux, tout simplement. C'est la raison pour laquelle j'appréciais beaucoup leur compagnie. Mike et sa mère ne se voyaient guère pendant la semaine parce qu'elle avait des horaires bizarres, un peu comme tante Dorothée, et puis Mike allait à l'école, alors ils sortaient ensemble le week-end. Mike avait passé l'été en Californie et il avait terriblement manqué à sa mère. Chaque fois qu'il se sauvait en courant, elle le suivait des yeux comme si elle avait eu envie de le manger tout cru. Quand il revenait en bondissant comme un petit chiot fringant, elle l'attrapait et le soulevait aussi haut qu'elle pouvait. Mike se débattait et criait, en essayant de s'échapper. C'était un jeu entre eux, ils adoraient jouer ainsi. Ils ont immédiatement fait partie de mes « réguliers », et au bout de trois semaines, ils avaient atteint la première place sur la liste de mes préférés.

Ce n'était pas spécialement dû aux endroits où nous allions, mais plutôt au fait que, chaque fois que nous sortions tous les trois, je me sentais bien. J'avais l'impression de vivre une véritable aventure, même quand nous nous contentions de nous promener sans but. Bien sûr, une balade avec Mike Andersen ne ressemblait absolument pas à une balade ordinaire. D'abord, il ramassait sans cesse des objets hétéroclites dans la rue. Mme Andersen riait de le voir examiner scrupuleusement caniveaux et poubelles. Elle ne l'empêchait jamais de ramasser quoi que ce soit, et de fourrer un vrai bric-à-brac dans ses poches. Mike appelait cela son trésor. Au début, je l'ai simplement regardé, en me souvenant que je faisais la même chose que lui lorsque j'avais son âge. Et puis, je ne sais pas quand cela a commencé, mais un jour je me suis surpris à fouiller dans un vieux carton avec lui. Nous nous sommes bien amusés ; nous avons déniché cet après-midi-là un vieux transistor, des paquets de cartes à peine abîmées et des lampes de poche. Une autre fois, nous avons trouvé une petite paire de jumelles dont le tour était serti de perles. Mme Andersen nous a expliqué qu'il s'agissait de jumelles de spectacle. Elles étaient encore en bon état. C'était incroyable de jeter un objet aussi joli, nous dit-elle.

Elle n'avait qu'une règle, mais c'était une règle absolue : il fallait que nous nettoyions méticuleusement nos trouvailles, pour avoir le droit de les conserver.

Nous nous sommes toujours donné rendez-vous au zoo, parce que nous aimions énormément nous y promener tous les trois, je leur en ai montré les moindres recoins. Nous avons découvert de nouveaux endroits ensemble, et Mme Andersen nous racontait mille choses sur les différents animaux. Mike et moi adorions l'écouter, elle savait rendre chaque détail passionnant. Ces oiseaux australiens incroyables, par exemple, qui n'ont même pas d'ailes et sont aussi gros que des autruches. Elle nous les a montrés en disant :

– Vous les voyez ? Ce sont des émeus. Ils sont le don de Dieu aux mouvements de libération de la femme.

Bien sûr, Mike et moi, nous l'avons regardée en fronçant les sourcils, l'air abasourdi.

– Quoi ?

Elle s'est mise à rire et a expliqué :

– Oui, chez ces bêtes-là, c'est le père qui élève les enfants, à commencer par l'incubation des œufs. Il les couve pendant deux mois. Vous vous rendez compte ?

– Pendant ce temps-là, la mère va travailler ? interrogea Mike.

Sa mère sourit.

– Hé ! Voilà une bonne question !

– Comment se fait-il que ce soit un oiseau, bien qu'il ne vole pas ? ai-je questionné.

– Heu, l'émeu ressemble à un oiseau, mais peux-tu imaginer un animal de ce genre en train de voler ? Il est presque aussi grand que moi ! En plus, il court très très vite. Alors, je pense qu'il n'a pas besoin de voler.

– Comment savez-vous autant de choses ? lui ai-je demandé une fois, et elle a ri.

– Quand un sujet m'intéresse, je lis tout ce qui le concerne de près ou de loin.

– Oui, ajouta Mike. Toi et ton équipe de recherche et de documentation.

Il se tourna vers moi :

– Tu as déjà vu ma mère à la télévision ?

– À la télévision ?

C'est ce jour-là que j'ai découvert son métier. Je les connaissais depuis longtemps déjà, mais je ne m'étais jamais douté qu'elle était responsable d'une émission à la télévision. Trois fois par semaine ! Elle parlait des différents événements locaux qui avaient eu lieu à New York ou dans la banlieue. Mike m'expliqua qu'elle interviewait quelquefois des gens à qui il était arrivé quelque chose de spécial ou d'original. Une fois, par exemple, un groupe de jeunes avaient trouvé dans la rue un portefeuille contenant 500 dollars et ils l'avaient immédiatement rapporté à son propriétaire, un vieil homme.

– Elle les a reçus dans son émission le soir même, et elle a battu tous les records d'audience ! dit Mike avec fierté.

Mme Andersen sourit, puis soupira :

– C'était vraiment fantastique. Je ne sais pas si cela se reproduira un jour. C'était tellement émouvant de voir ce vieux monsieur adorable et cette bande de jeunes dans le genre dur à cuire, dont personne ne pense qu'ils sont capables d'une telle honnêteté ! Ils ont littéralement adopté le vieux monsieur qui est devenu un vrai grand-père pour eux.

J'ai été très surpris d'apprendre cela, croyez-moi. Une vraie vedette de télévision et elle était ma... ou plutôt, j'étais son... Enfin, vous comprenez. Dire que je n'en savais rien ! Elle posa son bras sur mon épaule, je devais vraiment avoir l'air ahuri, et elle me parla doucement :

– Voyons, Danny, oublie tout cela. Essaie de penser à moi comme avant que tu n'apprennes la vérité. Cela ne doit rien changer entre nous.

Elle a posé son autre bras sur l'épaule de Mike, et nous avons parcouru un bout de chemin ainsi.

Mike s'est rapidement remis à discuter, mais je ne l'écoutais pas. Je n'entendais rien d'ailleurs. Je sentais seulement la main de Mme Andersen sur mon épaule, et je pensais qu'elle était connue et que je l'avais ignoré jusqu'à présent.

6

Quand je revis Mme Andersen la fois suivante, ce fut sur un écran de télévision, chez les Rivera.

J'avais joué avec Carlos après l'école et sa mère m'avait proposé de dîner avec eux. Ils dînent assez tôt à cause des petits, alors je suis souvent encore en train de m'amuser dans la chambre de Carlos lorsqu'ils se mettent à table et j'accepte régulièrement l'invitation. Mais je me souviens du conseil de maman qui m'a toujours dit qu'il ne fallait pas abuser de l'hospitalité des gens et parfois je refuse en remerciant sous un prétexte quelconque. Quand je reste, tante Dorothée vient me chercher à son retour du travail. Elle s'arrête en général un moment pour discuter avec les Rivera, car ils sont devenus amis.

Ce soir-là, lorsque l'émission de Mme Andersen a commencé, j'ai cru que j'allais éclater tellement j'étais excité. On a une impression vraiment bizarre quand on voit à la télé quelqu'un qu'on connaît aussi bien que sa mère ou sa tante. Pas de doute, c'était bien elle ! L'émission s'appelait : *Des gens comme vous et moi* et, ce jour-là, Mme Andersen a raconté l'histoire d'une adolescente qui avait eu des ennuis parce qu'elle était coupable de vol à l'étalage ; on l'avait placée dans une maison spécialisée à Brooklyn. Mme Andersen a parlé de la façon dont on vivait dans cet endroit. Le sujet entier avait été filmée sur place et dans le quartier ; on a vu des tas de gens différents donner leur opinion. Mme Andersen a ensuite interviewé les autres pensionnaires de l'établissement, et les éducateurs responsables. C'était tellement intéressant que, bientôt, toute la famille était installée devant le récepteur. M. et Mme Rivera ont commenté l'émission avec tante Dorothée, en se félicitant qu'il existe des endroits pareils, et en vantant l'intelligence et la gentillesse de Mme Andersen. Je n'ai pas pu me retenir plus longtemps et je me suis écrié :

– Vous savez, je l'ai rencontrée au zoo !

Ils se sont enthousiasmés et m'ont demandé des détails : quand je l'avais vue, à quoi elle ressemblait. J'ai répondu que j'avais un peu discuté avec elle et son fils, qu'ils étaient très sympathiques. Les Rivera étaient impressionnés. M. Rivera a secoué la tête en disant :

– Tu rencontres vraiment des gens fantastiques au zoo, non ?

Ensuite Carlos a proposé :

– Si nous y retournions samedi ou dimanche, Danny, juste toi et moi. Nous nous étions tellement amusés, la première fois !

J'ai alors compris que j'aurais mieux fait de me taire ; si quelqu'un m'accompagnait, même

Carlos, mon meilleur ami, mon M. O. ne pourrait plus fonctionner. La seule manière pour qu'il reste opérationnel était de n'en parler absolument à personne.

Après cette expérience, j'ai fait attention de ne laisser échapper aucune nouvelle allusion, mais je ne ratais plus une seule émission de mon nouveau programme de télé favori.

– Hé ! Je vous ai vue à la télévision ! annonçais-je fièrement quand je voyais Mme Andersen.

Et elle me répondait toujours par une plaisanterie. Un samedi, j'ai crié en courant vers elle :

– Bravo, c'était formidable !

Elle faisait des signes à un gibbon qui la regardait fixement à travers les barreaux de la cage. Elle s'est retournée.

– Oh ! Bonjour, Danny. Tu as aimé l'émission ?

– Oui, vous étiez très bien. Comment appelle-t-on ce métier ? Présentateur ?

– Oui, dit-elle en souriant, présentateur. Tu sais d'où cela vient ? Il y avait une famille de pommes de terre dont tous les membres travaillaient à la radio. La plus petite était extrêmement bavarde. Un beau jour, elle décrocha enfin un travail important à la télévision. Lorsqu'elle rentra chez elle pour annoncer la nouvelle à sa famille, ils la félicitèrent : « Nous savions bien que tu y arriverais, tu as toujours été une vraie présente-à-l'heure ! »

Elle m'a regardé un moment, de sa manière

bien à elle quand elle essaie de prendre un air détaché, et nous avons éclaté de rire ensemble.

– C'est une très mauvaise blague, lui ai-je dit, mais je ne pouvais pas m'arrêter de rire. En plus, vous ne la racontez pas comme il faut.

– Tu as raison, Danny, mais elle n'est pas si mauvaise que ça. Avoue qu'elle est bonne !

J'ai haussé les épaules.

– Au fait, où est Mike ? Est-ce qu'il a encore essayé d'entrer dans l'une des cages ?

Il avait été assez fou pour vouloir se glisser entre les barreaux, une fois ! J'ai jeté un coup d'œil alentour, mais je ne l'ai vu nulle part.

Elle a ri.

– Non, il n'est pas là. Il est allé passer quelques jours de vacances avec son père, au Mexique !

– Oh, mais alors, pourquoi êtes-vous venue ? Ce n'était pas la peine !

– Nous avions rendez-vous, Danny, et je ne voulais pas te décevoir. Je n'ai jamais songé à te demander ton numéro de téléphone. Je crois qu'il vaudrait mieux que je le prenne.

Nous nous rencontrions toujours au zoo et ils ne savaient pas où j'habitais. Je n'étais pas déçu du tout, au contraire. Je préférais de loin passer une journée avec Mme Andersen, même sans Mike, qu'avec un nouveau papa du zoo.

C'était une belle matinée d'automne. Le temps était sec, la lumière du soleil donnait à la nature des teintes chaudes et luisantes, les feuilles devenaient craquantes, et le monde entier sentait bon.

– Où allons-nous, aujourd'hui ? m'a-t-elle demandé. Est-ce qu'il y a un endroit que tu préfères tout particulièrement et par lequel tu voudrais commencer ?

– Que diriez-vous de « la Brousse africaine » ? Je n'y suis pas retourné depuis longtemps.

Mme Andersen fut fascinée par ces gros chats. C'était un peu inquiétant de les regarder rôder en faisant des bruits effrayants. Au début, j'étais surpris de ne pas voir Mike courir partout autour de nous.

– C'est très bizarre de ne pas avoir à vous surveiller du coin de l'œil, déclara Mme Andersen à ce moment.

Nous avions dû ressentir la même impression. Mike nous manquait. Ensuite, nous sommes allés au « Monde des oiseaux ». Nous avons décidé, d'un commun accord, que c'était notre endroit préféré au zoo.

– On dirait qu'on pénètre dans un autre univers, tu ne trouves pas ? m'a-t-elle glissé à l'oreille tandis que nous empruntions la rampe menant à « la Forêt des pluies ».

Et c'était vrai, tout ici était différent : la lumière, l'air, les bruits.

– Je me sens toujours plus paisible lorsque je viens ici, lui ai-je avoué.

Elle a souri.

– Moi aussi. Je suis contente que tu n'aies pas eu envie d'essayer un manège ou de faire un tour à dos de chameau aujourd'hui, comme avec Mike. Il y a tellement de monde ; en plus, je n'ai pas très envie de me mêler à la foule.

– Moi non plus.

Par la suite, nous n'avons plus beaucoup parlé, nous nous sommes contentés de nous promener en regardant les plantes et les oiseaux. Mme Andersen lisait les écriteaux, moi non. Quelquefois, je préfère avoir l'esprit et les yeux libres pour rêver à des endroits qui seraient réellement comme celui-là.

Nous avons déjeuné à la cafétéria ; nous nous sommes installés à une table dans un coin où il n'y avait pas beaucoup de monde. Le soleil qui pénétrait à flots par les fenêtres me rappela soudain un rêve fou que j'avais fait, et je me suis mis à le lui raconter.

– J'ai découvert un moulin à soleil...

Je n'ai pas pu m'empêcher de rire à ce souvenir, et les moindres détails me sont revenus à l'esprit.

– Il ressemblait à un moulin à vent, mais à la place des ailes, il avait un immense dôme en verre.

– Vraiment, dit-elle en attaquant son deuxième hot dog – Mme Andersen adore les hot dogs. Ça a l'air original. Que s'est-il passé ensuite ?

– Euh, eh bien, des gens fabriquaient de la farine à l'intérieur, mais au lieu que ce soit le vent qui actionne les ailes, là le soleil cognait sur le grand dôme et donnait de l'énergie par le biais d'un bâtonnet de beurre qui servait d'axe transmetteur.

Mme Andersen éclata de rire en recrachant le morceau de hot dog qu'elle était en train de mâcher et qui menaçait de l'étouffer. J'ai sauté sur mes pieds, prêt à appeler les pompiers ; vous comprenez, elle était toute rouge. Mais elle arrêta vite de tousser.

– Dis donc, Danny, la prochaine fois que tu me racontes un de tes rêves, vérifie que je ne suis pas en train d'avaler quelque chose, d'accord ? Et d'abord, pourquoi un bâtonnet de beurre ?

– C'est ce que j'ai essayé de comprendre. Oh, je sais ! J'ai oublié de remettre le beurre dans le réfrigérateur, il y a deux ou trois jours ; tante Dorothée était furieuse, car c'était un paquet à peine entamé. Par contre, je n'ai pas la moindre idée d'où provient le moulin.

– J'adore tes inventions, m'a-t-elle déclaré avec un sourire. Tu sais, je suis ravie de ne pas avoir eu ton numéro de téléphone.

C'était gentil. Je n'avais jamais imaginé qu'un parent du zoo puisse accepter de consacrer une journée à un enfant qui n'était pas le sien. J'aurais plutôt pensé qu'il en aurait profité pour s'occuper de ses affaires.

– Pour dire la vérité, Danny..., reprit-elle.

Elle s'arrêta un instant. Moi, j'écoutais d'une oreille. La salle était presque pleine, maintenant, et je regardais les gens autour de nous. Je me sentais à l'aise avec Mme Andersen, je n'avais pas besoin de faire des efforts pour alimenter la conversation ou trouver des nouvelles plaisanteries.

– Si tu veux que je t'avoue un petit secret, je n'aurais pas annulé notre rendez-vous d'aujourd'hui. Même si j'avais eu ton numéro de téléphone.

J'ai soudain réalisé ce dont elle parlait et je l'ai dévisagée, très surpris, ou plutôt complètement interloqué.

Elle a ri.

– Tu penses probablement que je suis folle, Danny, mais Mike me manque terriblement. Je me sens très seule et ta compagnie me remonte le moral.

Une drôle de boule montait et descendait dans ma gorge. Cette femme célèbre, jolie et intelligente, qui présentait une émission à la télé, se sentait seule ! Et elle était venue jusqu'ici rien que pour passer un moment avec moi ! Je n'arrivais pas à y croire. La boule ne voulait pas disparaître, alors j'ai essayé d'avaler ma salive. Soudain, j'ai entendu ma propre voix déclarer :

– Moi aussi, j'ai un secret pour vous.

– C'est vrai ? Un vrai secret ?

J'ai acquiescé :

– Personne au monde n'est au courant. Vous serez la seule.

Elle est devenue très sérieuse :

– Tu es sûr de réellement vouloir le partager ?

J'ai acquiescé à nouveau. C'était une sorte de cadeau que j'avais envie de lui offrir pour la remercier de sa présence. Mon secret n'était pas aussi bien que le sien, mais c'était la seule chose spéciale que je possédais.

– Voilà, je vais tout vous dire sur mon M. O.

– Ton quoi ?

J'ai alors expliqué ce que c'était. Puis je lui ai raconté mon histoire de A à Z. Comment j'avais découvert le zoo, et puis les papas du zoo, bref le récit complet de mes six derniers mois à New York. Elle est restée immobile, m'écoutant sans prononcer une parole. Je lui ai parlé des gens que j'avais rencontrés et des endroits où j'étais allé ; je lui ai longuement décrit les Rivera, la façon dont j'étais devenu ami avec eux, et puis à la fin, je lui ai expliqué comment elle et Mike étaient en fait un accident de parcours. Que je n'avais jamais songé à une équipe mère-fils, mais seulement pères et fils, et elle a ri si fort qu'elle pleurait presque. Ensuite, elle a pris mes mains dans les siennes, les a serrées très fort :

– C'est l'accident de parcours le plus agréable qui me soit jamais arrivé, Danny. Et c'est une des histoires les plus sensationnelles que j'aie jamais entendues. Et crois-moi, on me raconte beaucoup d'histoires.

Elle a fouillé dans son sac, en a extirpé un petit agenda noir et un crayon.

– Bien, à présent, donne-moi ton numéro de téléphone au cas où je devrais un jour changer nos plans. Mais dis-moi, comment te souviens-tu de tous les rendez-vous ? Cela a dû devenir assez compliqué, au bout d'un moment.

Je lui ai expliqué comment fonctionnait mon carnet de rendez-vous. Elle m'a ensuite demandé si j'étais déjà allé à Staten Island par le ferry. Je lui ai dit que oui, une fois, avec le docteur Remler et Bobby. La voiture était d'ailleurs tombée en panne sur le ferry, on avait dû appeler une dépanneuse, cela avait été très marrant. Elle adorait ce genre d'histoires, et elle a commencé à me poser des questions sur les autres endroits où je m'étais rendu et sur les enfants. Elle a voulu savoir si j'avais rencontré les mères – non, jamais – et ensuite les questions se sont succédé à un rythme endiablé. Je me suis mis à rire, elle était d'abord restée très silencieuse pendant que je lui racontais mon histoire, et à présent elle n'arrêtait pas de trouver de nouvelles questions à me poser. Mais j'aimais bien cela. C'était agréable de pouvoir parler ainsi avec quelqu'un. Et je savais que je pouvais faire confiance à Mme Andersen. Quelqu'un qui s'était déplacé jusqu'au zoo du Bronx depuis la 79e rue, exprès pour voir un petit futé comme moi par un beau samedi d'octobre, méritait sans aucun doute ma meilleure histoire.

Quand nous sommes sortis de la cafétéria, l'endroit était pratiquement désert. Mme Andersen n'en a pas cru ses yeux lorsqu'elle a regardé sa montre.

– Ce n'est pas possible, il est trois heures passées ! Nous avons bavardé plus de deux heures, Danny ! J'ai peur de devoir partir en vitesse, j'ai un rendez-vous. Peux-tu me conseiller un bon restaurant ?

J'ai pris un air inspiré :

– Eh bien, tout dépend de ce que vous désirez, l'ambiance ou la cuisine ?

Elle m'a attrapé par la taille et m'a fait tourner autour d'elle, comme elle en a l'habitude avec Mike ; j'ai levé mes jambes le plus haut possible et j'ai poussé un grand cri. Nous avons pris rendez-vous pour le dimanche suivant, parce que je devais voir Tony et Brad le samedi. Mike serait revenu.

– De toute façon, lui ai-je dit tandis que nous nous séparions, je vous verrai cette semaine à la télé.

Elle m'a lancé un clin d'œil et a fait un cercle avec son pouce et son index. C'est un code à elle, une façon de dire O. K., d'accord.

J'avais un emploi du temps tellement chargé, le week-end suivant, que j'ai dû refuser deux offres. J'avais déjà réservé le samedi à Tony et Brad et le dimanche aux Andersen ; alors, quand M. Murdoch m'a téléphoné le mardi pour m'inviter, j'ai dit non. Et puis, une autre de mes familles préférées, les Mac Donald, m'a appelé le mercredi, et j'ai également refusé, mais j'ai pris rendez-vous avec eux et les Murdoch les deux week-ends suivants en conservant toujours une journée libre pour les Andersen, puisqu'ils étaient mes préférés. J'avais beaucoup de favoris, maintenant, mais il n'y avait que deux jours par week-end, alors je devais le plus souvent refuser quelqu'un. Je continuais cependant à craindre qu'un jour, en fin de semaine, mon carnet de rendez-vous reste blanc parce que mes papas du zoo en auraient assez que je leur dise non. Ils s'arrêteraient alors tous en même temps de m'appeler, et je devrais retourner au zoo et recommencer comme avant. Mais lorsque ces idées s'emparaient de moi, cela ne me paraissait pas si terrible que cela. En fait, je regrettais presque les sensations que j'éprouvais lorsque je me décidais pour un nouveau couple.

C'était un défi vis-à-vis de moi-même : savoir si j'étais capable de plaire à d'autres personnes. Et j'aimais bien ajouter des gens différents à ma liste. Je me suis demandé si, dans le fond, je ne devenais pas vieux et blasé, et si je ne devrais pas penser sérieusement à revoir le fonctionnement de mon M. O., pour le rendre plus palpitant. Je crois que j'ai eu raison de prendre un peu mes distances et de réfléchir à un remaniement possible, car quelques jours plus tard, la situation était radicalement différente.

Tout s'est déclenché la semaine qui a suivi, au cours de mon émission de télé préférée. C'était le mardi, pour être précis. Ma chance, ma seule chance, a été de me trouver seul devant la télévision, ce soir-là. Carlos était cloué au lit avec une grippe, et tante Dorothée était allée au bowling en compagnie d'amis. Je me suis installé devant le récepteur avec des cacahuètes et j'ai regardé *Des gens comme vous et moi*. Quand Mme Andersen a dit : « Bonsoir... Ici Gretchen Andersen qui va vous raconter une aventure qui aurait pu vous arriver », j'ai répondu comme je le faisais toujours lorsque j'étais seul avec elle en face de moi sur l'écran : « Bonsoir, ici Danny Turner, je vous reçois cinq sur cinq. » Elle a commencé son histoire, tandis que j'épluchais mes cacahuètes. « Ce soir, je vais vous parler d'un petit garçon très spécial. D'une certaine façon, il est comme vous et moi. Mais c'est aussi quelqu'un d'exceptionnel, comme on n'en rencontre qu'une seule fois dans sa vie. »

Il y avait quelque chose d'étrange dans la façon dont elle me regardait. Je sais que cela semble impossible, mais j'ai reçu une sorte de signal. J'ai eu le sentiment qu'elle allait parler de Mike.

« Ce garçon a environ onze ans et je l'ai rencontré au zoo. »

J'ai laissé tomber mon sachet de cacahuètes, et elles se sont éparpillées sur le sol. Je n'ai pas esquissé un geste pour les ramasser, je suis resté complètement figé. Parce que j'ai compris que si j'avais raison pour le signal, je m'étais en revanche trompé de personne. C'était de moi qu'elle parlait, de moi.

Pendant la durée entière de son émission, cette femme formidable, qui était la seule personne au monde à qui j'avais confié mon secret, car j'avais confiance en elle plus qu'en quiconque, cette femme a raconté mon histoire. À la télévision ! C'était elle entre mille que j'avais choisie comme confidente. Je lui avais expliqué le fonctionnement de mon M. O. dans ses moindres détails. Et voilà qu'elle le divulguait à la terre entière, tandis que la caméra filmait différents endroits que j'avais visités et mes coins préférés du zoo.

Gretchen Andersen se tenait devant la cage des gorilles, décrivant mon stratagème, les déjeuners à la cafétéria, « le Monde des oiseaux », tout quoi. Et puis le reste aussi, comment je m'étais débrouillé pour accumuler de nouvelles familles, bref l'histoire complète de ma merveilleuse vie secrète. Tout. Sauf mon nom.

– Je ne peux pas révéler son identité, dit-elle pour conclure. Je peux simplement vous assurer qu'il est, pour moi, un second fils précieux. Un fils d'un jour. Pour moi, mais aussi pour les autres enfants et papas du zoo, comme il les appelle, qui lui ont aménagé une place dans leur cœur et dans leur calendrier du week-end. Voilà mon histoire aujourd'hui, chers téléspectateurs. Ceux d'entre vous qui se sentent un peu seuls devraient peut-être chercher un fils d'un jour, afin d'illuminer leur vie comme ce garçon a illuminé ma vie et celle de mon fils Mike.

L'émission s'est achevée. J'étais achevé, moi aussi. Je me suis penché pour ramasser les cacahuètes et je suis tombé de ma chaise.

ZOO

7

Le lendemain matin, le trajet jusqu'à l'école m'a paru durer une éternité bien qu'il y ait à peine cinq cents mètres. Quand je me suis réveillé, j'ai d'abord eu envie de feindre une maladie pour ne pas y aller. Et puis, j'ai décidé que ça ne servirait à rien, alors je me suis levé. Après tout, il était très possible que rien ne se produise. Le monde entier ne regardait pas l'émission de Mme Andersen. Avec un peu de chance, personne ne serait au courant de mon aventure. Par contre, si je n'allais pas à l'école aujourd'hui, je deviendrais suspect. Après tout, il y a des centaines d'enfants qui habitent dans le Bronx et qui se rendent au zoo, ou peut-être même des milliers. En plus, me suis-je dit, au cas où je serais découvert, ça ne serait pas la fin du monde. Juste la fin d'une manière de vivre et de m'occuper qui était si fantastique que je n'aurais jamais rêvé que cela puisse m'arriver.

Il me restait une centaine de mètres à parcourir. C'est à ce moment-là que j'ai commencé à penser à quel point ma vie était différente. Je n'étais plus le même, j'avais vraiment changé. Soudain, dans la rue, je me suis mis à regarder les choses autour de moi sous un jour différent, comme jamais auparavant. La petite maison coincée entre les grands immeubles, par exemple ; les vitrines chatoyantes et luxueuses de quelques-unes des boutiques de l'avenue, les étranges et anciennes portes en fer de certains bâtiments. Je me suis demandé pourquoi je remarquais de tels détails, et soudain j'ai compris, dans un éclair. J'avais tellement l'habitude de me promener dans les voitures de mes papas du zoo, que je voyais mon quartier différemment. En effet, de la fenêtre d'une voiture, on ne fait qu'apercevoir un instant les choses et les gens. Lorsque l'on se déplace à pied, au contraire (ce qui avait toujours été mon cas jusqu'au printemps dernier), c'est très différent.

Les dimensions changent, tout est plus grand ; on voit le moindre détail, chaque élément a sa personnalité propre et ne se mélange pas avec le reste, comme dans la vision fugitive d'une voiture roulant à vive allure. Je me suis demandé si Tony Hall avait jamais réalisé cela, s'il avait pris quelquefois le temps de s'en rendre compte.

Est-ce qu'il vous est déjà arrivé de vous attendre à faire face à une situation délicate sans que rien ne survienne ? J'étais sans doute persuadé que tout le monde à l'école ne parlerait que de l'histoire incroyable du garçon du zoo. J'avais même préparé trois alibis différents au cas où je serais accusé. Mais la journée entière se déroula sans que quiconque ne mentionne l'événement. J'avais vraiment de la chance. Tout se passa pour le mieux jusqu'à la dernière heure au cours de laquelle nous discutions généralement de l'actualité quotidienne. Au moment précis où je me voyais déjà tranquille à la maison, Mme Miller demanda si quelqu'un avait regardé l'émission. Deux enfants seulement l'avaient suivie. Elle a proposé à ce petit malin de Benny de la raconter, et il a tout raconté dans les moindres détails. La classe entière était passionnée, moi j'étais assis tranquillement, les mains sous mon pupitre, les doigts croisés ; j'ai essayé de prendre un air intéressé, mais je n'osais pas avaler ma salive. Quand Benny a terminé, les garçons ont sifflé et dit :

– Ça, c'est vraiment une bonne idée ! Pourquoi n'y avons-nous jamais pensé nous-mêmes ? Je me demande si c'est quelqu'un de l'école ? Non, non, personne n'est assez malin !

J'ai baissé la tête à ces mots, car je sentais le rouge me monter aux joues et je ne voulais pas que quelqu'un s'en aperçoive.

– Qu'en penses-tu, Danny ? m'a demandé Mme Miller à ce moment précis.

Tout le monde s'est tourné vers moi et j'ai fermé un instant les yeux pour me souvenir de mes alibis. Puis j'ai haussé les épaules.

– Je n'en sais trop rien.

Elle a souri.

– J'aurais aimé connaître ton avis. Tu te montres en général très curieux de ce genre d'événement, mais aujourd'hui tu n'as pas ouvert la bouche !

– Peut-être que c'est lui ! s'écria Georgie Crews.

J'ai éclaté d'un gros rire bruyant, en m'exclamant :

– Si seulement c'était vrai !

À ce moment, je crois que même mes doigts de pieds étaient croisés. Je n'ai jamais su pourquoi les gens faisaient cela, mais il paraît que cela porte bonheur !

– Bien, quoi qu'il en soit, il sera intéressant de s'informer de la suite des événements, a conclu Mme Miller. Voyons, maintenant, parlons d'un sujet plus sérieux. Est-ce que quelqu'un est au courant des problèmes de l'environnement ?

Je n'ai plus entendu un seul mot jusqu'à la sonnerie. Des milliers de pensées bourdonnaient dans ma tête. Mais au moins, le plus dur était passé. Je suis sorti si rapidement que personne n'a eu le temps de m'approcher.

L'alerte suivante a eu lieu le soir même, lorsque tante Dorothée est rentrée avec le journal du soir et qu'elle me l'a montré en disant :

– Tu as entendu parler de ce garçon qui va au zoo et adopte des familles ? Ils l'appellent : « Fils d'un jour ». Danny, je me suis demandé...

Une lueur étrange et vaguement soupçonneuse a brillé dans ses yeux. Je n'en menais pas large, une boule me serrait la gorge.

– Quoi ? ai-je réussi à marmonner. J'ai regardé l'émission à la télé, hier soir, en entier. Est-ce qu'on l'a retrouvé ?

– Non, mais le journal prétend que, pendant la soirée, la chaîne a reçu de nombreux coups de téléphone de ces, comment les appelle-t-il déjà ? Ah oui, de ces papas du zoo ! N'est-ce pas charmant ? Bref, ils ont téléphoné en disant qu'ils étaient des papas du zoo, et qu'il fallait laisser l'enfant en paix. Aucun d'eux n'a voulu révéler son nom. Voilà, tu veux lire l'article ?

J'ai saisi le journal très vite, afin qu'elle ne s'aperçoive pas que ma main tremblait. Au début, je distinguais mal les caractères.

– Danny, tu m'as raconté une ou deux fois que tu avais rencontré différentes personnes au zoo, et que tu avais visité des tas d'endroits avec ces gens ?

Je n'ai pas levé les yeux. J'ai fait semblant d'être très absorbé par l'article, mais je n'arrivais pas à dépasser le titre en grosses lettres noires : « Qui est le fils d'un jour ? »

– Oui, c'est vrai, ai-je répondu avec un rire faux, mais tu ne crois pas que c'est moi, quand même ?

– Euh, non, mais j'ai pensé que peut-être tu l'avais vu là-bas. Tu vas souvent au zoo.

Je me suis contenté de hausser les épaules. C'était devenu une habitude, et mon mouvement préféré pour éviter des conversations gênantes ces derniers temps.

– C'est possible, mais en admettant que je l'aie vu, comment aurais-je pu le reconnaître ?

Elle a ri.

– Tu as raison.

J'ai enfin réussi à déchiffrer l'article. Il y avait un résumé de l'émission de la veille, et puis le commentaire dont tante Dorothée m'avait parlé ; des papas du zoo avaient appelé à mon sujet. J'ai eu la chair de poule en apprenant qu'ils étaient tous venus à ma rescousse. J'ai pensé que, maintenant, le pire était passé : le mauvais moment pendant la dernière heure de classe et le reportage dans le journal. Il faudrait bien que cette agitation cesse. Je me suis soudain senti beaucoup mieux, et quand je me suis levé le matin suivant, j'étais certain d'être à l'abri d'une mauvaise surprise. Mon problème numéro un, à présent, concernait mon emploi du temps pour le week-end prochain. Je ne pouvais pas me risquer au zoo, c'était vraiment trop tôt. Et je n'étais pas sûr d'intéresser encore les habitués. Je me suis demandé, à ce moment-là, lesquels de mes papas du zoo avaient appelé la chaîne de télévision, si Tony en faisait partie. S'il apprenait l'incident, il comprendrait. Et s'il n'était pas au courant, je ne lui dirais rien et peut-être pourrais-je alors toujours compter sur lui. En ce qui concerne Mme Andersen, c'était une autre histoire. D'abord, je n'avais pas son numéro de téléphone personnel et il n'était pas question que je l'appelle au studio. C'était très embêtant, parce que j'avais rendez-vous avec elle et Mike au zoo, le dimanche suivant, et je ne me voyais vraiment pas y aller. Il faudrait que je trouve une solution.

Quand je suis entré dans la salle de classe, j'ai senti que quelque chose ne tournait pas rond. Les adultes utilisent souvent ce genre d'expression, et jusqu'à présent, j'avais toujours pensé que cela ne voulait rien dire. Mais lorsque Mme Miller s'est mise à me dévisager bizarrement, j'ai compris que ce n'était pas si idiot que ça. Il me semblait que tout le monde chuchotait derrière mon dos, les professeurs me regardaient en coin. Mme Miller a finalement été convoquée dans le bureau de la directrice. Les élèves ont commencé à discuter et à faire du bruit. Des surveillants sont venus à plusieurs reprises nous rappeler à l'ordre, mais ils semblaient plus appliqués à nous détailler qu'à nous gronder. Avant de sortir de la salle, ils me regardaient en général avec insistance. Je commençais à me sentir vraiment mal à l'aise. Lorsque Mme Miller est revenue, elle m'a demandé de la suivre et, sur un ton sans réplique, elle a prévenu les élèves qu'il valait mieux qu'ils se tiennent tranquilles, sinon... Elle ne m'a pas adressé la parole tandis que nous nous rendions au bureau de Mme Joseph, la directrice, mais je me doutais que mon compte était bon. Un de mes papas du zoo avait dû parler. Ou peut-être un des enfants. Je me suis demandé qui. Et puis, je me suis demandé ce qui allait m'arriver. Peut-être avais-je commis un crime ?

Mme Miller a fermé la porte derrière nous et je n'ai pu m'empêcher de frissonner. Mme Joseph me souriait d'une drôle de façon ; vous savez, le genre de sourire en coin que font les shérifs à la télé juste avant de capturer un voleur. J'ai remarqué alors qu'il y avait plusieurs journaux étalés sur son bureau.

– Bonjour, Danny, a dit Mme Joseph.

– Bonjour, ai-je répondu dans un murmure, en louchant sur les articles des journaux.

Peut-être ne savaient-ils pas encore. Peut-être essayaient-ils seulement de deviner…

– As-tu déjà lu les quotidiens du matin ?

J'ai secoué la tête.

– Tu es bien sûr au courant de l'histoire du garçon qui se rend au zoo du Bronx afin de rencontrer des familles ? a-t-elle repris.

– Le garçon qui…, ai-je répété, essayant de gagner du temps.

Mais Mme Miller m'a interrompu :

– Allons Danny, tu sais très bien de quoi il s'agit. Nous en avons parlé hier après-midi en classe.

Les deux femmes regardaient en alternance mon visage, puis le journal, l'air perplexe. Devais-je tout avouer maintenant ou continuer à me taire ?

– Danny, continua Mme Joseph, les journaux sont remplis d'articles sur « le fils d'un jour ». Cette histoire passionne les gens.

J'avais l'impression d'être un bateau à la dérive sur le point de couler.

Mme Joseph a alors brandi un journal et me l'a montré.

– Regarde cela, Danny. C'est fascinant. Ils ont exécuté un portrait robot à partir des nombreux appels téléphoniques qu'ont reçus chaînes de télévision et bureaux de rédaction. Ils ont ainsi recueilli une multitude d'informations provenant de gens qui étaient persuadés d'avoir rencontré ce « fils d'un jour ».

J'ai reculé d'un pas.

– Cela ne t'intéresse pas, Danny ? Nous pensons pourtant que ce portrait te ressemble trait pour trait.

Tout d'un coup, je me suis retrouvé nez à nez avec un dessin qui représentait un visage d'enfant, et cet enfant, c'était moi.

– C'est assez ressemblant. C'est la même personne qui dessine aussi les criminels ?

Mme Joseph a ri.

– Je ne sais pas. Mais c'est bien toi, n'est-ce pas, Danny ?

Je me suis laissé tomber dans le fauteuil en face de son bureau.

– Oui, c'est moi. Quand est-ce qu'ils viennent me chercher ?

– Qui ?

– Les détectives de la police.

Mme Joseph m'a saisi le bras.

– Oh, Danny ! Mais tu n'as rien fait de mal ! Pensais-tu vraiment que tu avais commis quelque chose d'illégal ?

– Euh, non, mais depuis que cette agitation a commencé, je ne suis plus sûr de rien.

Le téléphone a sonné à ce moment. Mme Joseph a répondu tandis que Mme Miller retournait dans sa classe et que je restais là, ahuri et complètement vidé. Dès que la directrice eut raccroché, l'appareil a recommencé à sonner ; elle a demandé alors à sa secrétaire de ne plus lui passer personne de l'extérieur : ni la radio, ni la télévision, ni les journaux. Je me sentais dans la position d'un condamné. Il était trop tard pour nier quoi que ce soit.

– Je ne sais pas comment ils ont été mis au courant, Danny. J'aimerais pouvoir te mettre à l'abri, mais je ne vois pas comment. Ta tante… ta tante connaît-elle la vérité, Danny ?

Je n'ai pas osé la regarder.

– Non, personne ne sait… ne savait.

– Alors, je pense qu'il vaut mieux que nous la prévenions immédiatement avant que quelqu'un d'autre ne s'en charge.

Il y a eu un remue-ménage terrible dans la pièce à côté. Mme Joseph s'est levée d'un bond au moment précis où la porte s'ouvrait sous la poussée d'un groupe d'hommes et de femmes avec des appareils photo.

– Il est dans cette école, n'est-ce pas ?

– L'avez-vous trouvé ?

– Mais c'est lui, ici !

Ils se sont tous précipités sur moi.

– Tu es le fils d'un jour, hein, mon garçon ?

– Bien sûr que c'est lui. Regardez son visage. On ne peut pas se tromper.

– Quel est ton nom ?

Je suis resté aussi immobile qu'une pierre. Même si j'avais voulu parler, je n'aurais pas pu. Je me suis souvenu d'une expression que j'avais lue à propos des gens muets : « frappés de stupeur », et maintenant, je savais que cela pouvait réellement arriver. Quand j'ai relevé les yeux, j'ai vu Mme Andersen.

– Oh, Danny, je suis désolée ! Je n'aurais jamais soupçonné que cette histoire prendrait une telle ampleur !

Elle s'est laissée tomber à genoux sur le sol en face du fauteuil, ses bras autour de ma taille et la tête sur mon épaule.

– Est-ce que tu pourras me pardonner un jour, Danny ? J'ai dévoilé ton M. O., sans en avoir l'intention. Vraiment ! Je trouvais seulement que tu avais vécu une très belle histoire. Il fallait que je la partage avec le monde. Je voulais absolument que ton identité reste secrète. Je n'ai jamais imaginé que mon émission aurait des retombées aussi importantes...

– Danny ! Danny ! C'était donc bien toi, depuis le début !

Tante Dorothée était là, elle aussi. Elle s'est penchée pour voir qui me tenait dans ses bras

TIMES

et me serrait si fort contre elle, puis elle a poussé un petit cri :

– Gretchen Andersen ! Oh, mon Dieu ! Pourrais-je avoir votre autographe ?

8

Cette matinée-là a marqué ce que l'on appelle souvent le début de la fin. À ce moment précis, j'avais d'ailleurs plutôt l'impression que c'était la fin des fins. Pour dire vrai, pendant quelques instants, j'ai même cru vivre la fin du monde.

Je m'attendais à ce que les gens soient furieux contre moi. La maîtresse, la directrice, les enfants de ma classe, et bien sûr tante Dorothée. Carlos et les Rivera aussi. Ainsi que tous mes papas du zoo qui avaient découvert que je n'étais pas un gentil petit garçon qui tenait compagnie à leur fils, mais un profiteur et un comédien.

La directrice a permis à tante Dorothée de me ramener à la maison, et Mme Andersen nous a proposé de profiter du taxi qui devait la reconduire ensuite chez elle. Tante Dorothée a bien sûr accepté. Elle était sur le point de s'évanouir, tellement elle était survoltée. Mme Andersen a vraiment été très gentille avec elle. Sur le trajet de retour, qui n'a pas duré plus de deux minutes, elle lui a posé des questions sur elle et sur maman, puis elle a demandé le numéro de téléphone de maman en

Californie. J'ai pensé que c'était aussi bien comme ça ; elle serait au courant tôt ou tard, alors autant que Mme Andersen la prévienne. Lorsque le taxi s'est arrêté devant notre immeuble, il y avait un autre groupe de journalistes dehors. Et sur le trottoir, une équipe des actualités télévisées ! Je me suis senti soudain terriblement à l'aise. D'accord, mon M. O. était fichu. Mais il n'y a pas beaucoup d'enfants qui, à mon âge, sont traités comme des célébrités ! Alors, je me suis dit que je ferais mieux d'en profiter tant que cela durerait.

Je suis descendu du taxi en affectant un air très naturel et détaché. Les flashes se sont mis à crépiter. Un homme parlait dans un micro pendant qu'un autre actionnait l'une des caméras de la télé. C'était presque aussi impressionnant que la cérémonie de remise des oscars. Des tas de gens s'étaient arrêtés et contemplaient la scène. Mme Andersen a repoussé tout le monde d'un geste, et a déclaré :

– Notre « fils pour un jour » sera l'invité de mon émission ce soir. Il répondra à vos questions après ; pour l'instant, laissez-le tranquille.

Et puis elle a fendu la foule. Au moment où nous avons pénétré dans l'appartement, Mme Andersen avait réglé mon emploi du temps pour la soirée. Une voiture de la télévision viendrait me chercher, tante Dorothée m'accompagnerait. Je n'avais jamais vu ma tante dans un tel état d'excitation.

Elle a téléphoné au magasin où elle travaillait et a expliqué qu'elle ne pourrait pas venir de la journée. À peine avait-elle raccroché que le téléphone s'est mis à sonner sans répit. Des gens appelaient des stations radiophoniques, des journaux ; il y eut même un appel provenant du zoo. Et aussi, bien entendu, mes papas du zoo. Quand nous sommes partis pour les studios de télévision, ils avaient tous téléphoné, même ceux avec lesquels je n'avais passé qu'un seul après-midi ! Ils avaient découvert mon portrait-robot dans leurs journaux du matin, et voulaient prendre de mes nouvelles. Carlos téléphona, lui aussi, mais je ne sus pas quoi lui répondre lorsqu'il me demanda pourquoi je ne lui avais jamais rien raconté, alors que nous étions censés être les meilleurs amis qui soient. Ses parents, par contre, étaient très enthousiastes et ils promirent de regarder l'émission.

Mes papas du zoo m'assurèrent qu'ils n'avaient pas révélé mon nom (ils me le jurèrent solennellement les uns après les autres), mais ils avaient pensé qu'il n'y aurait pas de mal à me décrire. C'est ainsi que les journaux avaient pu obtenir le portrait-robot. Munis de ces informations et des détails que Mme Andersen avait dévoilés au cours de sa fameuse histoire du « fils d'un jour », ils m'avaient dépisté en un clin d'œil.

– Danny, tu vas passer le meilleur moment de ta vie ce soir, me glissa Mme Andersen tandis que nous nous préparions juste avant le début de l'émission. J'ai quelques bonnes surprises pour toi.

Elle se tourna vers tante Dorothée qui s'était coiffée et maquillée avec soin pendant une bonne partie de l'après-midi.

– Que diriez-vous d'apparaître à l'écran aux côtés de votre neveu ?

Tante Dorothée pâlit un peu.

– Je ne sais pas. Je crois que j'aimerais bien, mais je suis tellement émue.

Mme Andersen tapota la main de ma tante.

– Oh, ne vous en faites pas pour ça ! Cela arrive à tout le monde, surtout la première fois. Danny vous donnera du courage, il en a à revendre, n'est-ce pas, Danny ?

J'ai hoché la tête parce que je savais que si je parlais, ma voix tremblerait, et je ne voulais pas décevoir Mme Andersen.

Les lumières étaient aveuglantes, mais on s'y habituait au bout d'un moment. J'ai ri en voyant à quel point tante Dorothée avait peur. Lorsque j'ai entendu Mme Andersen dire : « Bonsoir, ici Gretchen Andersen qui vous présente *Des gens comme vous et moi*, j'ai réalisé que l'émission avait commencé. Mon cœur s'est mis à cogner dans ma poitrine. Le générique a défilé. J'avais l'impression d'être au centre d'un brouhaha terrible et de silhouettes floues. Soudain, la main de Mme Andersen a serré mon bras et elle m'a glissé à l'oreille :

– Détends-toi, Danny. Tu es célèbre et cette soirée t'est consacrée. Il faut que tu en sois le héros ; reste serein et tranquille, tout se passera à merveille.

Cela m'a calmé. Le générique s'est achevé et Mme Andersen a raconté l'histoire complète du « fils d'un jour » exactement comme on parle normalement à quelqu'un dans la rue, les micros en plus. Elle a expliqué que cela devait rester un secret à la vie à la mort entre elle et moi, mais qu'elle avait tellement aimé mon aventure qu'elle s'était sentie obligée de la partager avec les téléspectateurs. Elle n'avait jamais soupçonné qu'on pourrait découvrir qui j'étais. Puis elle s'adressa directement à moi :

– Maintenant, Danny, pourquoi ne nous expliques-tu pas toi-même comment cela s'est passé ce matin, à l'école par exemple.

Ma voix était un peu rauque au début, mais personne n'a ri, alors je me suis raclé la gorge et, après la première phrase, je me suis senti très à l'aise. J'ai parlé de ce qui m'était arrivé, comment l'atmosphère me paraissait étrange quand j'avais pénétré dans l'école, les allées et venues au bureau de la directrice, la cohue et les journalistes, et puis finalement ma présence ici, devant les caméras. Mme Andersen me posait quelques questions de temps à autre, afin de n'omettre aucun détail, comme par exemple les appels de tous mes papas du zoo. Ensuite, elle questionna tante Dorothée et lui demanda ce qu'elle avait ressenti lorsqu'elle avait appris la vérité. On aurait dit que ma tante sortait du congélateur tellement elle était raide, et sa voix était complètement cassée lorsqu'elle prit la parole, mais elle se détendit rapidement. Elle parut un peu gênée de confesser qu'elle n'était pas au courant de mon M. O. ; Mme Andersen, par contre, semblait trouver cela amusant, alors elle se décrispa et parla avec entrain.

– À présent, reprit Mme Andersen, nous allons faire un petit portrait de famille de notre « fils d'un jour ».

Les lumières m'aveuglèrent soudain et j'eus l'impression de devenir fou lorsque, regardant droit devant moi, je découvris une dame qui ressemblait trait pour trait à maman.

– Danny ! s'écria-t-elle en courant vers moi.

– Maman ! Que fais-tu donc ici ?

Un instant plus tard, tante Dorothée était à nos côtés et embrassait maman. Pendant ce temps, Mme Andersen parlait de notre famille, tandis que les caméras demeuraient rivées sur nous. Maman me serrait si fort que je ne pouvais presque plus respirer. Qu'elle était belle avec ses boucles blondes et ses grands yeux verts. Elle sentait bon son parfum préféré et elle portait une jolie robe à fleurs. Elle était encore plus belle que Mme Andersen.

– ... Et alors j'ai reçu un coup de téléphone, ce matin très tôt. On m'a raconté l'aventure de mon Danny et demandé si j'étais d'accord pour sauter dans le premier avion pour New York afin d'assister à l'émission et...

Elle eut un grand sourire radieux :

– Me voilà. Sur l'écran, enfin ! Oh, Danny !

Elle me souleva et me fit tourner autour d'elle comme Mme Andersen au zoo.

– Merci, mon chéri ! C'est le petit garçon le plus formidable au monde, mes amis !

L'ensemble de l'équipe souriait ; j'étais vraiment fier de maman, elle est si jolie et si drôle. Et dire que c'était moi qui lui donnais sa première chance de passer à la télévision.

Ce n'était pas fini. Je me suis tourné de l'autre côté, en suivant le mouvement des caméras, et là, riant comme deux andouilles, j'ai reconnu Tony et Brad. Mme Andersen commentait de sa voix télévisée :

– Et voici un papa du zoo, Anthony Hall, et son fils Brad.

Un véritable défilé de papas du zoo et de leurs fils a suivi, à commencer par M. Murdoch et Jeff, le docteur Remler et Bobby, et ainsi de suite des plus anciens aux tout récents. Quelque part, au milieu, il y avait Mike. Il s'est précipité sur moi et m'a décoché un coup de poing pour rire en plein estomac. Ensuite, il a couru aux côtés de sa mère, et elle l'a serré contre elle en expliquant à quel point nous étions devenus amis, Mike et moi.

Pendant qu'elle parlait, tous mes papas du zoo et les garçons me souriaient et me faisaient des signes. Je les ai dévisagés les uns après les autres, n'en croyant toujours pas mes yeux et me tapant sur le crâne avec la paume de la main comme si j'avais été la personne la plus étonnée du monde entier. Je l'étais d'ailleurs vraiment ! Pendant ce temps, les caméras étaient braquées sur Mme Andersen qui continuait à raconter mon histoire. Une partie de moi-même désirait ardemment que l'émission se termine, afin de pouvoir leur parler. Mais j'aurais également voulu ne jamais voir finir ce moment. J'avais l'impression de tourner dans un film. Et c'était moi la vedette !

– Je suis la seule maman du zoo du groupe entier, expliqua Mme Andersen.

Elle me regarda l'air rayonnant.

– Mais il est arrivé un événement encore plus particulier à Danny, grâce à son M. O...

Émergeant sous la lumière des projecteurs, je vis M. et Mme Rivera qui portaient chacun un enfant dans leurs bras. Olga et Elena sautillaient sur les côtés en s'accrochant à leurs vêtements. Fermant la marche, il y avait mon ami Carlos, qui affectait l'air le plus détaché qui soit.

– Voici la seule « famille du zoo » de Danny au grand complet. Pépé et Carmen Rivera, José, Maria, Olga, Elena et Carlos.

Ils m'ont souri de toutes leurs dents, alors je me suis dirigé vers eux et arrêté auprès de Carlos. M. et Mme Rivera se sont penchés vers moi et m'ont donné une tape amicale tandis que Mme Andersen leur demandait comment ils m'avaient rencontré. Elle a ensuite questionné Carlos qui lui a dit que nous étions devenus les meilleurs amis du monde. À présent, le responsable de l'émission faisait de grands signes à Mme Andersen ; elle a placé tous mes papas du zoo et les enfants en cercle autour de moi et s'est mise à expliquer que si mon M. O. était le genre de jeux qu'imaginaient les enfants d'aujourd'hui, notre monde avait un bel avenir devant lui.

– Voilà pour aujourd'hui, chers auditeurs. C'était votre émission *Des gens comme vous et moi*. J'espère que notre « fils d'un jour » a éclairé votre journée comme il a éclairé nos vies.

Les lumières se sont éteintes. C'était fini.

Maman s'est dégagée du cercle de gens autour d'elle et m'a repris dans ses bras.

– Écoutez-moi tous, reprit Mme Andersen avec sa voix de télévision claire et sonore, vous êtes invités à célébrer l'événement. J'ai réservé une salle de restaurant au coin de la rue.

Elle m'a lancé un clin d'œil :

– Qu'en penses-tu, Danny ?

Je vous jure que même si jamais plus je ne suis le héros d'une fête de ma vie entière, celle-là en aura valu des milliers. J'avais l'impression de rêver. Tous les gens que j'aimais, et qui avaient joué un rôle important pour moi, étaient réunis.

J'ai présenté Carlos aux autres enfants et à mes papas du zoo, tandis que les gens de la télévision faisaient plus ample connaissance avec ma famille. Il y avait des tas de bonnes choses à manger et à boire et, à la fin, ils ont apporté un immense gâteau décoré avec des fleurs. Sur le dessus on lisait, écrit en belles lettres bleues : « À notre fils d'un jour ». Oui, j'aurais vraiment quelque chose de sensationnel à raconter le lendemain en classe ! Je me demandais si mes copains me croiraient. Cela dépendrait sûrement de la chaîne de télévision qu'ils auraient regardée ce soir !

M. Rivera nous a ramenés à la maison dans sa camionnette ; ils nous ont invités à dîner le lendemain, et j'ai compris qu'ils s'entendaient déjà très bien avec maman.

Maman, ma tante et moi avons continué à discuter très longtemps. Finalement, je me suis endormi dans le salon et elles ont dû me porter dans ma chambre. Je ne me souviens de rien, mais elles m'ont tout raconté le lendemain matin. Maman n'arrivait pas à décider si elle devait me réveiller pour aller à l'école ou me laisser dormir. Après en avoir parlé avec tante Dorothée, elles ont pensé d'un commun accord qu'il serait dommage que je rate l'agitation que déclencherait à coup sûr ma présence. J'étais content moi aussi. Je me suis dit qu'il fallait que j'en profite autant que possible, car il était peu probable qu'une telle situation se reproduise dans l'avenir.

Vous ne pourriez pas imaginer tout ce qui s'est passé ce jour-là à l'école. À la fin de l'après-midi, je crois que Mme Miller aurait aimé aller me noyer dans le lac de Cope. C'est un lac au zoo sur les bords duquel se trouvent des pélicans et des gibbons. Elle se serait peut-être même contentée de la première baignoire qui lui tombe sous la main ! Tout le monde ne parlait que de mon émission, et les questions affluèrent sans trêve ainsi que les compliments. Moi, un élève moyen qui rendait à peine une fois sur deux ses devoirs de maths, je devenais soudain une espèce de héros. Les enfants des autres classes essayaient de m'apercevoir à travers les carreaux de la fenêtre et, à la récréation, je fus cerné de toutes parts. Quelques filles me demandèrent un autographe ! Même les professeurs me coincèrent. Ils faisaient semblant d'être indifférents, mais ils n'arrêtaient pas de me poser des questions... pires que les enfants. À la fin de l'après-midi, j'étais un peu fatigué de toute cette agitation, aussi j'avais résolu de me taire pendant l'heure d'actualité et de faits divers. Mais les élèves de ma classe en avaient décidé autrement, et l'heure entière fut consacrée au bon vieux « fils d'un jour » jusqu'à ce que cette histoire me sorte littéralement par les oreilles. Juste avant que la cloche ne sonne, Mme Miller me demanda :

– Eh bien, Danny, maintenant que cette aventure est terminée, que vas-tu faire ?

– Que voulez-vous dire ?

– Voyons, tu sais bien. À propos du zoo, des familles que tu y rencontres, des sorties avec tes « réguliers ». Pourras-tu continuer de la même manière à présent que le monde entier est au courant de ton aventure ?

Je l'ai regardée, mais tout s'embrouillait dans ma tête, alors je n'ai pas répondu. À ce moment précis, la cloche a sonné ; j'étais vraiment soulagé, car je n'en pouvais plus. Mme Miller avait posé la question à laquelle je ne voulais même pas penser. Mais voilà, il faudrait bien que j'en accepte la réponse. Je la connaissais depuis le moment où j'avais été convoqué dans le bureau de la directrice et où j'avais vu les articles de journaux. Mon M. O. était fichu. Mais je voulais continuer à croire au miracle.

Maintenant, je savais que c'était la fin. Je me sentais tout drôle, un peu triste aussi.

– Danny, tu ne devineras jamais la surprise que j'ai pour toi !

Maman m'attendait sur le pas de la porte. Elle me prit par la main et me tira pratiquement dans l'escalier en parlant.

– Tu ne vas pas le croire, Danny... On m'a proposé trois emplois au choix ! J'ai reçu un coup de fil ce matin des studios de la télévision. Des gens ont appelé après l'émission, pour m'offrir du travail !

– C'est vrai ?

Je n'arrivais pas à reprendre mon souffle.

– Quel genre de travail est-ce ? Comme actrice ?

– Non, pas vraiment, mais je pense qu'il est temps que nous nous installions pour de bon, toi et moi. On m'a proposé, entre autres, un emploi comme responsable de la promotion pour une grande marque de parfumerie. Je m'occuperai de parfums et d'articles de maquillage. Oh ! Danny, c'est une occasion inespérée ! Je serai très bien payée et j'ai l'impression que cela me passionnera. En plus, tout le monde dit que Chicago est une ville fantastique.

– Chicago. Pourquoi parles-tu de Chicago ?

Sa main se porta vers sa bouche, et elle réfréna une espèce de hoquet.

– Oh, j'ai oublié de te dire ! C'est là que se trouve le travail que l'on m'offre. Nous irons nous y installer. La compagnie qui m'emploie se charge de nous louer un appartement. N'est-ce pas formidable, Danny ?

– Chicago ? ai-je répété, ne pouvant prononcer une autre parole. C'est dans le Michigan ou quelque part par là ?

– Non, dans l'Illinois. Sur le bord du lac Michigan. Tu aimeras beaucoup cette ville, Danny, j'en suis sûre. Nous l'adorerons tous les deux, tu verras.

– Tu y es déjà allée ?

– Non, mais j'ai rencontré beaucoup de gens qui y habitent, et ils étaient très gentils. Et j'en ai tellement entendu parler. J'ai toujours voulu m'y rendre. Écoute, Danny...

Elle s'arrêta net, en plein milieu du salon, comme si elle venait de recevoir un coup de poing.

– Mon chéri, tu ne veux pas venir avec moi ? Tu me manques tellement. Enfin, si tu préfères rester chez tante Dorothée... Je sais que vous vous entendez très bien, que tu as beaucoup d'amis, mais d'un autre côté, je me suis dit que tu aurais l'occasion de rencontrer des tas de gens différents et que nous pourrions ainsi être à nouveau ensemble.

Les larmes perlèrent dans ses yeux.

– Rester ! Rester ici sans toi, alors que j'ai la chance d'aller vivre dans une ville fantastique comme Chicago ? Non, sûrement pas !

Voilà, j'avais une solution inespérée à la question à laquelle je ne trouvais pas de réponse valable : qu'allais-je faire maintenant que mon M. O. était fichu ?

– Je viens avec toi, maman. Quand partons-nous ?

– Demain, si tu n'y vois pas d'inconvénient...

Je ne m'attendais pas à ce que Chicago soit ainsi. Tout le monde compare cette ville à New York, alors je m'étais dit qu'elles devaient se ressembler. Pas du tout ! Elles n'ont rien à voir.

Les premiers jours, on peut se croire à New York à cause des grands magasins et des buildings, et puis soudain on se retrouve en face du lac Michigan, qui est bordé de plages sensationnelles tout le long de la ville. Il ressemble davantage à un océan qu'à un lac tellement il est grand. Et il y a beaucoup d'arbres et de pelouses autour, pas comme dans Manhattan. Oui, j'ai été surpris par Chicago, mais agréablement surpris.

Et puis il m'est arrivé un drôle de truc. C'était le premier samedi ; j'étais seul car maman devait travailler et elle s'était arrangée pour que je passe la journée avec Steve, le fils d'une de ses amies. Il m'a emmené au musée des Sciences et de l'Industrie et il faut que je vous dise, ça a été le coup de foudre. Je vous assure qu'aucun enfant, quel que soit son âge, ne peut se rendre dans cet endroit sans l'adorer.

On peut y faire des tas de choses passionnantes : jouer avec un ordinateur, visiter un véritable sous-marin allemand capturé pendant la Seconde Guerre mondiale. Il y a aussi la capsule Apollo B, la vraie ! On peut monter à l'intérieur et toucher à tout. Il y a même une mine de charbon reconstituée, on descend dans le puits et on assiste à l'extraction du minerai ! On peut voir également des œufs éclore juste devant ses yeux. Et à peu près un million d'autres choses fantastiques.

C'est un musée formidable parce qu'on ne se contente pas de se promener et de regarder comme dans les autres musées ou même au zoo. Non, là, on peut toujours toucher ou manipuler l'objet concerné : pousser des boutons, monter sur les engins, tourner des manettes ou manœuvrer des leviers, et il se passe des choses complètement inattendues. On apprend aussi des trucs vraiment intéressants sans s'en rendre compte et sans effort. En plus, c'est gratuit !

Alors, vous pouvez imaginer le monde qu'il y a, surtout le week-end. Mais cela vaut la peine de faire la queue afin de jouer avec les machines et de prendre part aux démonstrations. Même New York n'a pas d'endroit comparable. C'est une des grandes attractions touristiques de Chicago. J'ai passé deux heures dans le musée avant de me rendre compte que ce n'était pas simplement un endroit fréquenté par les touristes, ou un lieu populaire où venaient les enfants le week-end.

Tandis que nous étions dans la file de l'exposition sur le pétrole (on s'installe dans de drôles de voitures rondes qui se baladent partout, et on nous explique comment l'énergie a été utilisée depuis le début des temps), je me suis mis à regarder les gens autour de moi comme j'en ai l'habitude. C'est à ce moment que j'ai remarqué le grand nombre d'hommes accompagnés de jeunes enfants. Un seul enfant le plus souvent. Mon cerveau a fait tilt. Des papas du musée. Et un territoire complètement vierge !

La voix de Steve m'est parvenue comme à travers un tunnel :

– Hé, Danny, que se passe-t-il ? Tu as l'air bizarre. Tu as vu quelqu'un que tu connaissais ?

A Notre fils pour un jour
CHICAGO

J'ai souri et haussé les épaules.

– Pas vraiment. Juste des visages qui me semblent familiers.

– Tu veux que nous passions au supermarché avant de rentrer ? Ils vendent des tas de choses marrantes.

– D'accord. Tu crois qu'ils ont des agendas ?

INFORMATIONS
Cascade

DU ZOO AU SAFARI-PARC

On utilise de moins en moins le terme « zoo » auquel on associait souvent l'image d'un lion tournant dans une cage trop étroite ou d'un petit fennec souffreteux.

Aujourd'hui, les conditions de vie des animaux ont été considérablement améliorées : les enclos sont vastes, de nombreux spécimens sont présentés en groupes, sur de petites îles ou lâchés en semi-liberté dans des sous-bois de plusieurs hectares. La plupart des établissements favorisent ainsi la reproduction des animaux et participent à la protection des espèces menacées.

La formule du safari-parc, inaugurée à Thoiry par le vicomte de La Panouse, a beaucoup de succès et a inspiré de nombreux autres parcs, où sont proposées des visites en bateau, en petit train ou en monorail suspendu... car les enclos sont vraiment de plus en plus grands !

PARCS ET ZOOS DE FRANCE

Il y a environ 500 zoos dans le monde : plus d'une centaine en France ainsi qu'une vingtaine de parcs animaliers, ce qui représente plus de 50 000 animaux.

Voici quelques adresses à ne pas manquer au hasard de vos petites ou grandes vacances :

Zoos traditionnels

Parc zoologique et botanique de Mulhouse (68)
Tél : 89.44.17.44

Zoo de Bordeaux-Pessac (33) Tél : 56.36.46.28

Parc zoologique de la Citadelle, à Besançon (25)
Tél : 81.82.16.22

Parc zoologique de Maubeuge (59)
Tél : 27.65.15.73

Zoo de Vincennes à Paris (XIIe arrondissement)
Tél : 43.43.84.95

Safari-parcs

Touroparc à Romanèche Thorins (71)
Tél : 85.35.51.53

Vallée zoologique du moulin de Richard à Trégomeur (22) Tél : 96.79.01.07

Réserve de la Haute Touche à Obterre (36)
Tél : 54.39.20.82

Réserve africaine de Sigean (11)
Tél : 68.48.20.20

Cerzä parc à Hermival-les-Vaux (14)
Tél : 31.62.17.22

Parc zoologique safari de Fréjus (83)
Tél : 94.40.70.53

Parc de Thoiry (78) Tél : 34.87.40.67

Parc de Saint-Vrain (91) Tél : 64.56.10.80

Zoorama européen de la forêt de Chizé à Villiers-en-Bois (79) Tél : 49.09.60.64

Espèces protégées

Village des tortues à Gonfaron (83)
Tél : 94.78.26.41

Parc ornithologique du Marquenterre à Rue (80)
Tél : 22.25.03.06

Écoparc de l'Ouest à L'Angle (85)
Tél : 51.94.33.17

Parc animalier de la Brière à Saint-Malo-de-Guersac (44)
Tél : 40.91.60.31

Refuge de l'Arche à Château-Gontier (53)
Tél : 43.07.24.38

Centre de réintroduction des cigognes à Hunawihr (68)
Tél : 89.73.72.62

Vous trouverez bien d'autres adresses dans *le Guide des parcs de loisirs* de Dominique Desforges, publié par Hatier-Rageot.

NEW YORK

L'ÉTAT DE NEW YORK

Surnommé « Empire State », l'État de New York représente à peu près le quart de la France en superficie. C'est l'État le plus peuplé des États-Unis, après la Californie. Mais les trois quarts des habitants vivent dans les villes (plus de 8 millions d'habitants à New York) alors que le Nord du pays, près de la frontière canadienne, est presque désert. C'est une très belle région sauvage, avec d'innombrables lacs encaissés, des montagnes couvertes de forêts, des îles disséminées sur le fleuve Saint-Laurent. On peut visiter plusieurs parcs naturels, dont le plus célèbre est le parc des Adirondacks. C'est dans cette région, à Lake Placid, qu'eurent lieu les Jeux Olympiques d'hiver de 1980. La capitale de l'État est Albany.

LA VILLE DE NEW YORK

Troisième port du monde, c'est la plus grande ville des États-Unis, avec une superficie de 774 km^2.

L'île de Manhattan, au cœur de la ville, était autrefois une île marécageuse occupée par les Indiens Algonquins. En 1524, Giovanni da Verrazano en prit possession pour le compte du roi de France, François Ier, et la baptisa Angoulême. Un siècle plus tard, les Hollandais rachètent l'île aux Algonquins pour une vingtaine de dollars de pacotille et y fondent la capitale de leur colonie : la Nouvelle Amsterdam. Wall Street, l'une des rues les plus célèbres du quartier financier de New York, se situe à l'emplacement du mur (« wall », en anglais) que les Hollandais avaient construit pour se protéger des Indiens... et des Anglais. D'ailleurs, en 1664, ces derniers annexent l'île et la rebaptisent New York.

New York est l'un des 13 États qui signèrent en 1776 la proclamation d'indépendance contre l'occupation anglaise, à l'issue d'une guerre qui dura huit ans.

En souvenir de cette date, la France offrit aux Américains la statue de la Liberté qui se dresse aujourd'hui à l'entrée du port de New York.

MANHATTAN

New York est divisée en cinq arrondissements : Manhattan, qui forme le cœur de la ville ; Brooklyn, une véritable ville avec presque 3 millions d'habitants (c'est un quartier populaire où presque toutes les nationalités sont représentées) ; Queens ; Staten Island et le Bronx, célèbre par son zoo qui est l'un des plus grands du monde. Mais le Bronx est aussi l'un des quartiers les plus misérables de New York.

Lorsqu'on parle de Manhattan, on pense aussitôt aux gratte-ciel et aux hommes d'affaires, à Wall Street qui est une des capitales mondiales de la finance, ou encore à l'ONU qui y a son siège.

Mais Manhattan, c'est aussi le ghetto noir de Harlem, extrêmement pauvre ; c'est aussi Greenwich Village, où se côtoient musiciens, peintres, poètes. Ses ruelles et ses vieilles maisons contrastent avec les buildings et les rues à angles droits de la ville moderne.

Manhattan, c'est encore Broadway, le quartier des spectacles ; Chinatown, le quartier asiatique ; la « Petite Italie », ou encore le célèbre Central Park... où il ne fait pas bon rôder la nuit mais qui, dans la journée, est le domaine des sportifs et des musiciens.

Vous serez peut-être étonné de voir que les rues de Manhattan ne portent pas de noms, mais des numéros : il y a, dans le sens nord-sud, de grandes avenues numérotées de 1 à 12 et, perpendiculairement, des rues transversales numérotées de 1 à 200. De plus, les rues paires sont en général à sens unique d'ouest en est et les rues impaires en sens unique d'est en ouest.

L'AUTEUR

Corinne Gerson est américaine. Elle a commencé à écrire alors qu'elle était encore lycéenne en Pennsylvanie, où elle a passé toute son enfance. Après ses études, elle s'est installée à New York avec son mari et ses deux enfants. Là, elle a travaillé pour plusieurs journaux et magazines, puis dans une maison d'édition comme directrice de collections pour adultes et adolescents.
Elle n'en a pas moins toujours continué d'écrire des romans...

L'ILLUSTRATRICE

Née en 1955, Sylviane Alloy a suivi les cours de l'École nationale supérieure des arts et industries textiles à Roubaix et appris la sculpture aux Beaux Arts de Paris. Elle a travaillé dans un atelier de sérigraphie, une imprimerie et un studio de publicité.
Mariée et mère de trois enfants, elle se consacre plus particulièrement à l'illustration depuis 1980.

COLLECTION
Cascade

7 - 8

L'ABOMINABLE GOSSE DES NEIGES
Alain Surget.

AU PAYS DES BANANES ET DU CHOCOLAT
Karin Gündisch.

COMMENT DEVENIR PARFAIT EN TROIS JOURS
Stephen Manes.

L'ÉTRANGE HISTOIRE DE DINGO
William H. Armstrong.

LE FILS DES LOUPS
Alain Surget.

HUGO ET LES LAPINS
Anne Sibran.

UN KIMONO POUR TADAO
Yves-Marie Clément.

LES MALHEURS DE SOPHIE
Comtesse de Ségur.

OPÉRATION CALEÇON AU CE2
Catherine Missonnier.

PETIT FÉROCE N'A PEUR DE RIEN
Paul Thiès.

PETIT FÉROCE DEVIENDRA GRAND
Paul Thiès.

PETIT FÉROCE EST UN GÉNIE
Paul Thiès.

PETIT FÉROCE S'EN VA-T-EN GUERRE
Paul Thiès.

LA PISTE DES CARIBOUS
Annie Paquet.

POMME A DES PÉPINS
Béatrice Rouer.

LE PRINCE ET LA GUENON
Ruskin Bond.

QUI A VU LE TURLURU
Alain Surget.

SITA ET LA RIVIÈRE
Ruskin Bond.

SUPERMAN CONTRE CE2
Catherine Missonnier.

LE TRÉSOR DES DEUX CHOUETTES
Évelyne Brisou-Pellen.

TRUCS À TROQUER
Marie-Noëlle Blin.

VACANCES SORCIÈRES
Catherine Missonnier.

9 - 10

UNE AMIE GÉNIALE
Sandrine Pernusch.

ATTENTION AUX PUCES
Jean-François Ferrané.

AU BOUT DU CERF-VOLANT
Hélène Montardre.

AU PARADIS DES ENFANTS
Dagmar Galin.

LES AVENTURES D'UN CHIEN PERDU
Dagmar Galin.

LES BRACONNIERS DU ROI
Paul Thiès.

CLASSE DE LUNE
François Sautereau.

LA DOUBLE CHANCE DE JULIETTE
Françoise Elman.

DOUBLE MARTIN CONTRE POISON ROSE
Fanny Joly.

ELSA ET ANTONIO POUR TOUJOURS
Jean-Paul Nozière.

L'ÉTÉ DES CONFIDENCES ET DES CONFITURES
Yves Pinguilly.

LES ÉTOILES ENSEVELIES
Pierre Pelot.

EXTRATERRESTRE APPELLE CM1
Catherine Missonnier.

LE GANG DES RÂLEURS
Jane Sutton.

GARE AUX CROCODILES
Jean-François Ferrané.

LA GUERRE DES POIREAUX
Christian Grenier.

LA GUERRE DE RÉBECCA
Sigrid Heuck.

HISTOIRE DE LUCIEN
François Charles.

COLLECTION

Cascade

LES INDIENS DE LA RUE JULES FERRY
François Sautereau.

JONGLER N'EST PAS JOUER
Paul Thiès.

LE JOURNAL SECRET DE MARINE
Sandrine Pernusch.

LE LÉVRIER DU PHARAON
Roger Judenne.

LA MAISON AUX QUATRE ÉTOILES
Hélène Montardre.

LA MÉLODIE DE LA PEUR
Boileau-Narcejac.

LE MOUSSE DU BATEAU PERDU
Yvon Mauffret.

MYSTÈRE À CARNAC
Michel-Aimé Baudouy.

MYSTÈRE AU CHOCOLAT
Didier Herlem.

LA NUIT DU RENDEZ-VOUS
Hélène Montardre.

PARIS-AFRIQUE
Yves Pinguilly.

LES PASSAGERS DU GOIS
Marie Dufeutrel.

LA PLUS GRANDE LETTRE DU MONDE
Nicole Schneegans.

LE PRINCE DU CHÂTEAU FOU
Gérard Bialestowski.

RENDEZ-VOUS AU ZOO
Corinne Gerson.

LE SECRET DE L'OISEAU BLESSÉ
Betsy Byars.

11 - 12

À CLOCHE CŒUR
Marie-Florence Ehret.

L'ACROBATE DE MINOS
L.N. Lavolle.

UNE AMITIÉ BLEU OUTREMER
Yvon Mauffret.

L'ANGE DE MAURA
Lynne Reid Banks.

L'APPEL DE LA FORÊT
Jack London.

BONS BAISERS DE CALIFORNIE
Marie-Noëlle Blin.

LA CAPTURE DE CÉSAR
Michel-Aimé Baudouy.

C'EST LA VIE, LILI
Valérie Dayre.

COMME SUR DES ROULETTES
Malika Ferdjoukh.

COUP DE FOUDRE
Nicole Schneegans.

CYRANO JUNIOR
François Charles.

LES DEUX MOITIÉS DE L'AMITIÉ
Susie Morgenstern.

L'ÉTÉ DE TOUS LES SECRETS
Katherine Paterson.

L'ÉTÉ JONATHAN
Marie Dufeutrel.

LA GRIFFE DU JAGUAR
Yves-Marie Clément.

L'INCONNU DE LA PROISELIÈRE
Monique Ponty.

LE JOUR DU MATCH
Gilberte Niquet.

UN JOUR UN ENFANT NOIR
William H. Armstrong.

LE MYSTÈRE DE LA NUIT DES PIERRES
Évelyne Brisou-Pellen.

LE PERROQUET D'AMÉRICO
Huguette Pirotte.

PIÈGES EN COULISSE
Pierre Leterrier.

LE ROYAUME DE LA RIVIÈRE
Katherine Paterson.

LE TRÉSOR DU MENHIR
Yvon Mauffret.

LE VOLEUR DE PANDAS
Alain Surget.

Achevé d'imprimer le 25 juillet 1992
sur les presses de l'Imprimerie Hérissey à Évreux
N° d'édition : 2217
N° d'imprimeur : 58851